悬疑志
抗拒恐怖的唯一方法
就是阅读恐怖故事

图书在版编目（CIP）数据

悬疑志. 一千灵异夜 / 柳易, 戚小双主编. —长沙: 湖南文艺出版社, 2011.8
ISBN 978-7-5404-5009-0
Ⅰ. ①悬… Ⅱ. ①柳… ②戚… Ⅲ. ①推理小说－作品集－中国－当代
Ⅳ. ①I247.7

中国版本图书馆CIP数据核字(2011)第112368号

上架建议：文学・悬疑推理

悬疑志・一千灵异夜

出 版 人：刘清华
责任编辑：丁丽丹　刘诗哲
监　　制：蔡明菲
策划编辑：柳　易　戚小双
封面设计：利　锐
出版发行：湖南文艺出版社
（长沙市雨花区东二环一段508号 邮编：410014）
网　　址：www.hnwy.net
印　　刷：三河市鑫金马印装有限公司
经　　销：新华书店
开　　本：787×1092　1/16
字　　数：180千
印　　张：14
版　　次：2011年8月第1版
印　　次：2011年8月第1次印刷
书　　号：ISBN 978-7-5404-5009-0
定　　价：15.00元

CONTENTS·目录

谜小说

异故事讲堂

灵异测试

黑段子加工厂

新书抢先看

编辑会客厅

谜小说
MI READING

我们总在现实的生活里寻找生活的真相，却发现生活的真相可能只存在于想象的世界中。
寻找杜比
小叶推理续集之四
文/叶聪灵 图/苍狼野兽

Chapter 1
谜一样的岛屿

人生，总有太多的意想不到，也有太多的无法计划，你永远不会知道，下一秒钟，会在你的生活里闯入什么。

我在《生活的图景》这本书上画下这样一行字，我觉得，作者是一个颇具智慧的人。他把人生看得很透彻。当我合上书的时候，刚好看到了飞机窗外那一片绿色的半岛：墨西哥的尤卡坦半岛。那是我和萧维洛老师要去度假的地方。我喝了一口果汁，心里想着，还有五分钟，我们就到目的地了！

这是什么地方？阳光如此温暖，海水如此湛蓝，沙滩如此松软。萧维洛老师在我旁边静静躺着，他像是睡着了一样。可我睁开眼睛的第一个反应是：萧维洛老师为什么会躺在我的旁边？我们为什么会在这里？这里又是哪里？

我们明明是在飞往墨西哥的飞机上啊，后来，我们都要了果汁来喝，然后，我们两个好像都睡着了。我完全不记得，我们是什么时候下的飞机，又是如何来到这里的。我努力搜寻着喝了果汁之后的记忆，但却是一片空白。

这时，我看到了床边的那本《生活的图景》，那是我在飞机上看过的书。可是现在，那本书却是打开的，打开的那一页夹着一张照片和一张字条。那是一张男人的照片——一个英俊的混血男人。坦白地说，虽然只是看到照片，但我承认，这男人很有吸引力。浅蓝色的眼眸却呈现在一张东方人特征的面孔上，因为混血的基因而形成的俊美让人一览无余。可我的疑问是，为什么有人把这个男人的照片夹在了我的书里呢？

接下来，我看了那张字条：这个男人名叫杜比，你的任务是找到这个叫杜比的男

人。否则，你的老师就会死——因为他中了毒，只有那个叫杜比的人才能解救他。你可以不信，但萧维洛死的那一刻，你可别后悔。

读了字条，我一脸困惑，我探了探萧老师的鼻息，他很均匀地呼吸着。然后，我使劲儿摇晃他，还大喊着："萧老师，你醒醒……"任凭我怎样喊叫和摇晃，萧老师都没有一点反应。难道他真的被注射了什么毒剂吗？我开始害怕了，抬头望着我们身处的环境——我们像是在一家只有一层楼的度假旅馆里，透过窗子就可以看到外面的阳光和沙滩。还有，我们的电脑、手机、证件……统统不见了！我再一次看了一眼那张字条：你可以不信，但萧维洛死的那一刻，你可别后悔。

行为画像研究所曾经研究过那么多变态的凶杀者，如果是某一个刚好精力充沛的杀人狂和我们开起了这样的致命玩笑，也许不足为奇。又或者，只是和萧老师相识的朋友知道我们出来度假，所以搞了一个"惊天动地"的恶作剧，也不是没有可能……我的脑子在这一刻迸出了很多猜测，但我还是没有确切的头绪，内心也慌乱不已。

这里实在是太安静了，我甚至都可以听见自己呼吸的声音。我从床上下来，走到窗口，看到沙滩上一个人也没有。我又在整间旅馆里来回转个不停，依然没发现一个人。这局面真是太诡异了！大白天的，就让人不寒而栗。

我回到我们的房间，从床上拿起那本《生活的图景》，把那张夹着的照片拿了出来。原来照片的背面还有字。第25页，第56页，第78页，第102页……照片背面写着的都是页码。这到底代表什么呢？我很困惑。我把书翻到了第25页，在书的空白边缘，有几行字：

我是未来的你，也就是五天以后的你，你可以叫我罪恶小叶。因为这些年来，我一直跟随你，住在你的心里。我就是另一个你。五天以后的这个时间，你将坠楼而死，因为你实在无法再忍受我，也就是另一个你，罪恶的你。所以你会跳楼。因为你无法再继续背负杀死方旋笛、庚蒂、夏之焕和米楚的痛苦，因为你根本无法面对林邀。所以，你注定要死。而且是死在自己的手上，以最惨烈的方式。

看到这几行字，我的心立刻狂跳不止，三年前，那些因为隐藏了自己杀人的秘密而备受折磨的心绪再一次浮出水面。究竟是谁？会是谁又挖出了我过去杀人的秘密？

我已经以叶欣的名义彻底死掉一次了，连叶欣的坟墓都赫然立在了墓园里，为什么还有人要把那段掩埋的过去再一次血淋淋地刺痛我的心脏呢？

Chapter 2
痛苦的濑户挚子

我们从来不曾认真思考过自己的人生，也没有认真关注过我们身边的人，直到有一天，你也许将永远和你的生活告别，或是和你身边的人告别，你才发现也许有些事、有些人，一直很重要。

我看到书的第25页上还画了以上那几行字，我依然困惑着。我知道沉睡的记忆又被唤醒了，我的眼前浮现出四个女孩没有头发、没有脸皮、没有眼睛和没有心脏的样子。我的内心无比痛苦，因为我自己竟然就是杀死她们的凶手！我怎么会用那么残忍的方式杀死她们呢？我完全不敢相信，那竟然是我做的！

我一只手拿着那本书，一只手捏着杜比的照片，茫然地走在沙滩上。太阳把沙滩晒得很热，而我需要冷静一下，我看到前方500米开外有片小树林，到那里凉快一下也好。

我在一棵树下坐了下来，困惑地看着四周——一个人也没有的小树林。这里连人都没有，让我去哪里寻找一个叫杜比的人呢？我沮丧地把头埋进了膝盖，我在想，自己会不会死在这里。

“你看到我的孩子了吗？”一个女人的声音突然从我的耳边传来，吓了我一跳。

“什么？你的孩子？”我被问得一头雾水。我抬起头来，看到一个亚洲人模样的女人。那个女人有黑色的长发、苍白的脸孔，眼睛很小。当然，操着一口不太地道的英语，发音听起来舌头很硬。她看到我一副不知所措的样子，就开始给我讲起她的遭遇来。

原来，这个突然出现的女人叫濑户挚子，是个日本人。她有个三岁的儿子，前几天走失了。虽然报了警，但是警方一直没有任何线索。看她焦虑的样子，我觉得她已经因为孩子的失踪而崩溃了。

“你认识这个男人？这个男人就是把我的孩子拐带走的骗子！你告诉他，让他把孩子还给我！”濑户激动地拉着我的胳膊——她看到了我手里捏着的杜比的照片。

“我很理解你失去孩子的心情，但我真的不认识这个男人，我也在找他。你是说，照片上的男人拐走了你的孩子？”我必须再确认一次。

“三天前，我的孩子失踪的时候，他见过的最后一个人就是你照片上的那个男人！我很清楚地记得那个男人的脸！我不会记错的！”濑户很坚决，她甚至恶狠狠地盯着照片看。

难道我要找的杜比是一个拐带孩子的欺诈者吗？我心里充满疑问，转念一想，又觉得不对劲。我再一次仔细观察了眼前的女人：她眼神专注但似乎目中无物，脸色苍白，嘴唇甚至还在微微地颤动，她身体始终僵硬地维持着一个姿势，坐在我旁边。这一切特征都说明，她不像个正常人。

“你能告诉我这儿是哪儿吗？为什么这岛上什么人都没有呢？”我迫切地问道。

“其实我知道，他杀了我的孩子。所以……我刚才，用刀把他捅死了！”濑户一边说，一边对我微笑着拿出一把明晃晃的尖刀。我这时才注意到，她的手上竟然沾满了鲜红的血迹！她瞪着狂怒的眼睛，在我与她对视的瞬间像是喷了火一样！我吓得马上拿起书和照片飞快地跑开了，我身后传来了那女人的声音：“杜比！我终于杀死你了！”

Chapter 3
忧伤的安娜

我不知道自己一路狂奔了多久，终于确认刚才那个诡异的日本女人没有追上来，我已经跑得上气不接下气了。当停下来大口大口喘气的时候，我看到前方有一座小木

屋。那小木屋里也许有人，至少可以问问这里到底是什么地方。

我走到小木屋门前，发现门并没有锁。我“嘎吱”一声推开了门。走进去后，发现屋子里面很破旧。我小声念叨着：我究竟去哪里找一个什么叫杜比的男人呢？心里想着，被挖出了杀人秘密的那段话始终让我搅扰在痛苦的回忆里，我仿佛沉浸在无法自拔的内疚的旋涡里一样。我环顾了一下小木屋，里面根本没人。我坐在一张木椅上休息，把手里的书翻到了第56页，56页上有这样几行字被画了下划线：

当我们面临危险的时候，我才发现，原来我们的人生中有这么多未知数。你明明在寻找一个拯救你的力量，却忽然看到，那个能拯救你的人，只有自己，这个道理，对于爱情也适用。

书的空白处被人用笔写了这样几行字：

当我拥有了方旋笛的长发、庾蒂的面孔、夏之焕的眼睛、米楚的心脏时，我就可以骄傲地和林邈说：我才是你在这个世界上最完美的女孩！

那是六年前我写在日记上的一句话！究竟是谁！不断提醒我杀人的过往！我觉得自己就要崩溃了。我的眼前浮现出庾蒂被活活烧死在安全门那儿的瞬间，她的身体已经发出了烧焦的味道，我却在她痛苦的时刻，安静地微笑着。我怎么会是一个那么变态凶狠的人！

正当我的思绪混乱时，我看到了木制的圆桌上摆着一张照片。可照片上的人竟然是——杜比？我皱了一下眉，仔细看了看里面的照片——没错，我没有看错，那照片上的男人就是杜比！

“他是我男朋友。他多才多艺，喜欢摇滚、绘画，还精通创作。所以，面对他的时候，我会有些自卑。当你真正爱上一个人的时候，你总会觉得自卑。”一个女孩站在门口说着。原来我进来的时候，并没有关上木屋的门。

“噢！的确很迷人。”我礼貌式地微笑回应。这突然出现的女孩，不知为什么总让我觉得有些不安。

“可他抛弃了我！他居然一声不响地就跑了！消失得无影无踪。”女孩顷刻间就痛哭流涕起来，然后歇斯底里地大喊着，“你去死吧！你这个狗娘养的！”她瞪着眼睛吼叫的瞬间，完全找不到先前那温柔微笑的模样了。

后来，她当然是讲述了她的爱情，原来这个女孩名叫安娜，一直等待着背叛她的男友归来。难道杜比从一个拐带孩子的欺诈者，转而又变成一个多才多艺的男朋友了？

“我为他付出了一切，可他却抛弃了我。为了我们两个可以长久地在一起，我只好自己解决了。”安娜带着阴冷的笑容，手里提着一根很粗的绳子，对我说着话。我分明看到那绳子上血迹斑斑。

安娜一步一步向我走过来，我吓得惊慌失措，抓起书和照片就向小木屋门外的方向跑去。真是活见鬼了！我心里咒骂着。

Chapter 4
警觉的瑞克斯

一路狂奔出小木屋的结果是：我迷路了。我根本不知道自己究竟在什么地方。这时，天色已晚，整个小岛似乎都笼罩在黑暗之中。我似乎又来到了一片沙滩，四周没有人，只有海水拍击沙滩的海浪声。我很疲倦，一屁股坐在了沙滩上，看着四周黑暗的环境，内心的恐慌更强烈了。我的眼皮有些沉，我真是太累了。

来，看镜子里的我，你还能看到从前那个丑陋平凡的我吗？我用犯罪心理学优等生的智慧和沾满鲜血的双手偷取了别人的美貌，只为了成为我最爱男孩眼中的最完美的女孩，那是她们的罪。我以为这是我一个人永远的秘密，但是是谁？是谁在诱导我一步步走向迷宫深处，在一连串恐怖离奇的谋杀中向我发出死亡的召唤？

在迷迷糊糊间，我好像听见了自己的声音，我是在自言自语吗？还是在说给谁听？我紧闭的眼睛在不安痛苦的那一刻睁开了。我想，我是因为疲劳过度而打了瞌睡。也许那是我在梦境中听到的声音吧？我看了一下手腕上的表，时间是晚上9点30分。

“谁能告诉我，这究竟是什么鬼地方！”我大喊着。

“你不用喊了，这个岛基本没人。”说话的人是一个看起来很瘦弱的男人，“与其喊叫，你还不如安静地钓鱼。”男人一直用自己的袖子擦着钓竿。

“这究竟是哪儿？你见过这个男人吗？”我一次性丢出了两个问题，还拿着杜比的照片打算给那男人看——虽然那男人也十分令人费解，因为他在黑暗里孤独地钓鱼。

“你认识照片上的人？”男人用警觉的眼神看着我。

“不认识，我只知道他叫杜比。”那男人始终没有接过我手里的照片。

“你要小心一点。”男人用这一句作了开头，然后开始讲起他的故事来。

我眼前这个警觉的人叫瑞克斯，他曾经有一个很好的朋友死在了杜比的手上。杀他朋友的杜比竟然是警方追查长达五年的连环杀手。那个连环杀手最狡猾的地方就是他很善于易容，他会把自己改妆成任何一个人。所以，他每一次都可以干净利落地得手。

听了男人一惊一咋的描述，我对着天空翻了一个白眼，心里暗自骂着："God！这究竟是怎么一回事！”杜比从拐带孩子的欺诈者，变成了抛弃女友的男人，现在又成了连环杀手。

“不过后来，我找到杜比了，我还一把火烧死了他！”瑞克斯一边说，一边斜瞟了一眼我手里的书。书是打开的，刚好在第78页上有被笔画了下划线的一段话：

有时候，我们真的不清楚，到底我们一直在试图了解的人究竟会是一个什么样的人。因为一个人总是把不同的侧面展现给不同的人。所以，让你迷惑的是，你最后看清楚的那个人究竟是美好的，还是危险的呢？

杜比又死了？他这一次不是被刀刺死，也不是被绳子勒死，而是被火烧死。究竟杜比是一个人，还是好几个人啊！我不敢再待在那男人的身边，慌忙离开了沙滩。

Chapter 5
恐惧的贝拉

我孤独而绝望地走着，我不知道自己走到了哪里。这是一个诡异的岛，一个诡异的局面。应该已经是深夜的时间了，我的脑袋像糨糊一样，我这才想起来，自己已经一整天都没有吃过东西了。在饥饿、费解、困惑、恐慌和痛苦中，我感到自己的右侧有一些光亮。抬眼望过去，那竟然是一家小酒吧！

我走了进去，因为不管是安全还是危险，我都已经没有力气再继续走下去了。我必须要休息一下。真没想到，整个酒吧里只有一个人——一个面色苍白、眼圈发黑、一脸憔悴却头发鲜红的女人。女人涂着黑色的口红，嘴里吐着烟圈，眼神迷离地看着我这个不速之客。

“这酒吧怎么不开灯，只点蜡烛呢？”我一边问，一边环顾这个小酒吧。我发现，小酒吧好像很久都没有人光顾过的样子，落满了灰尘，木质沙发上还盖着白色的布帘，像是那种因为主人要离开很久，担心家具落满灰尘才盖上布帘的样子。再加上只点了蜡烛，整个酒吧都很灰暗，让人的心里不禁有些恐惧。

“你怎么到这儿来了？”女人的样子在蜡烛的微光下简直就像一个女鬼。

“你能告诉我，这个男人在哪里吗？”我一边说，一边把杜比的照片递给了她。

“你可以叫我贝拉。我厌倦了自己的生活，所以就死在了这个酒吧里。我看你是见鬼了吧？因为你找的这个男人去年就淹死在海里了。他死了，就在这个酒吧外面的那片海里。不过，他死之后，我也可以经常看到他。”听了贝拉的话，我瘫坐在酒吧的沙发上，我看我的确是见鬼了。贝拉认为自己死了，还说我在找的杜比去年就死了。难道有人想让我寻找一个死去的鬼魂吗？

借着微弱的蜡烛光线，我把手里的书翻到了第102页，上面有几行字被画了下划线：

我们一直在寻找存在于内心里的一线希望，但是，寻找到最后才发现，希望正是

幻灭的根源。

这一页的空白处还有人用笔写着：

你真的了解你自己吗？如果你对着镜子问一百次：我真的是我吗？你的答案可能就不那么确定了。我们或者会把自己想象成任何人，而且你也许无法驾驭这种想象……

这不是我在研究多重人格分裂症的患者乔烨老师时写下的评语吗？怎么有人把这段话抄到了这本书上呢？

Chapter 6
遇到唐纳德

就在无限的痛苦、疲倦和困惑之中，我度过了最初的一天一夜，当我筋疲力尽地绕着这个谜样的小岛一整圈时，我回到了原点——那个我和萧维洛老师一开始去过的旅馆。我回到了我醒来的那个房间，却发现萧维洛老师已经失踪了！

在发现萧老师不在床上的那一刻起，我找遍了整个旅馆，却始终没有发现一个人影！谁能想象那样的无助和恐惧？那是一种莫名被丢进大海里的茫然失措。我颓然地回到了原来的房间，突然惊讶地发现桌子上多了一台电脑。我坐下来，打开了电脑，看到里面有一个安装好的视频电话系统。而系统上显示的只有一个头像，那个人的名字是：唐纳德。

我告诉自己要镇定，于是，我点开了"唐纳德"的头像，视频电话里出现了一个年轻人。我无精打采的眼睛在看到那年轻人的瞬间顿时闪亮了起来！确切地说是一种震惊。因为，那个年轻人就是照片上我一直在找的人！

"你……是杜比？"我试探地问道。

"杜比，其实是一个根本就不存在的人。"年轻人微笑着说。

"我已经被丢在这个诡异的岛上一天一夜的时间了，究竟这一切是为了什么？"

我甚至有些愤怒地透过视频头盯着他看。

“在每个病人的心中，都有一个使他们痛苦的杜比，杜比就是他们崩溃的根源。而你所看到的，正是他们崩溃的姿态。”年轻人一只手托着下巴，但神情很镇定。

我在听到唐纳德解释的那一刻，头脑中回忆起了我在岛上所遇到的每一个人：丢失了孩子的濑户挚子；被爱人遗弃了的安娜；朋友丧了命的瑞克斯；见到鬼魂的贝拉……难道，他们每一个人都是病人？都有一段不同寻常的遭遇？

唐纳德医生好像是看出了我的心事和猜测，他继续说着：“濑户的孩子被拐带者骗走导致了她的精神分裂；安娜因为被爱人遗弃而变成了偏执狂；瑞克斯因为朋友的被害而得了妄想症；贝拉因为生活的痛苦而总是产生幻觉。而我，不过是使用了角色代入的方法，扮演了他们心中令他们痛苦的角色，目的只有一个：让他们得到解脱。”

我半天没有说出话来，原来，杜比并不是一个真实存在的人，只是唐纳德用来调查病人的病源和缓解病人痛苦的虚拟角色而已。

“亲爱的唐纳德医生，猜也猜得出来，你是精神科的专家高手。可你总得解释一下，我为什么变成了你游戏里耍着玩的猴子了呢？”我的语气相当不客气，因为我对自己之前的经历感到愤怒。

“亲爱的Vera小姐，你是萧维洛开设的行为画像研究所里最专业又最富有才华的研究员，难道你没有发现你遇到的人都是病态吗？他们所谓杀死的杜比，只不过是他们泄恨的方式，如果他们真的可以杀死虚拟的杜比，他们的愤怒也会被化解，这有助于他们病情的好转。难道你还没发现这只是一场心理实验吗？”唐纳德反问我，他责难的语气里有一丝对我专业能力的质疑。

我，沉默了。我也在反思，其实自己明明已经发现遇到的那些人的确和其他人不同了，可我为什么没有太多的心思去分析他们的行为与心理呢？我终于明白了，是那些莫名出现在《生活的图景》那本书上的句子干扰了我的判断力和思考力。我被搅扰到对于过去自己的残忍谋杀的痛苦回忆里去了，我个人感情的痛苦占了上风，导

致我失去了专业的、冷静的分析状态。一想起萧维洛老师，我的心里不由大骂了一句“Shit！”

“我明白了，只有萧老师知道我的秘密——杀人的秘密，所以，你们串通好了，来考验我在强大干扰下的专业判断力，对吗？不错，我的确曾经是杀了四个人的连环杀手，但现在，我是通过心理分析来抓到连环杀手的心理专家。”我极力强调着自己立场的转变。

“少安毋躁。没有人不相信，你已经变成了一个好人——一个善于抓住恶魔的好人。但无法摆脱自己曾经是恶魔的这种心理的困扰一直是你最大的障碍吧？你还在痛苦，你始终都在痛苦，你也许从来就没有哪一刻是真正摆脱那种痛苦的。对吗？”唐纳德有些居高临下和咄咄逼人，他像是看穿了我的心事一般，让我抓狂。

“萧维洛老师是一个专业的行为心理学专家，而你，唐纳德是一个厉害的精神科医生。难道你们两个联手，就只为了证明我的痛苦一直存在吗？”我已经有些心平气和了。

“每个人都有摇摆不定的时候，在好与坏和善与恶之间。但如果继续让自己把正义的现在和恶魔的过去不断混淆的话，最终痛苦和崩溃的只能是你自己。搞不好，你会变成另一个怪物。Vera，你总得学会放下过去……”唐纳德的语气平缓，眼神温暖。坦白地说，在这一刻，我的心，被感动了。

Chapter 7
反转的死亡

我关掉了和唐纳德医生通话的视频电话，看到了他发给我的电子资料。我终于明白自己究竟是陷入到了怎样的迷局里了。原来，我来到了一个实验的小岛，在这个岛上存在的是几个患有严重精神分裂的病人：濑户挚子、安娜、瑞克斯和贝拉。萧维洛老师联合唐纳德医生所设置的这个迷局只是想考验我在极度干扰的情况下，我是否还具有专业的判断能力。

就在此时，我想起了那本《生活的图景》，我还是不明白，这个所谓的实验和考验，为什么要用那本书来带我入局呢？我再一次翻开了那本书，一直翻到了最后的一页。可是，就在最后一页上写着一行字：**你所在的这个房间的双人床后面，有一个按钮，你扭动按钮，会发现另一个迷局。**

我的心霎时间感到憋闷，原来，整个局，还没有结束。难道这个实验还有下半场？我心里猜想着。我按照书上的指示去寻找按钮，竟然真的在双人床的后面有一个圆形黑色的按钮！我向两边试着旋转，果然，在按钮向右边转动之后，双人床后面的那道白色的墙壁“吱嘎”一声——居然被打开了！

还真是别有洞天！我心里感慨着。这个房间里竟然还有密室！这不会是一个陷阱吧？我心里又开始忐忑不安起来。密室里透出的光亮很刺眼，看来，那个所谓的密室很明亮。哪有密室是明亮的呢？我心里困惑着。我试探着朝密室的方向靠近，还没到入口，已经感觉到一种冷飕飕的凉气。我一步、两步、三步……走向密室的入口，就像走进了一个巨大的冰柜！

这莫非是一个冷冻室？我一边向里走，一边向四周打量着。没错，这的确是一个冷冻室——就像警局的停尸间一样。白气，混浊，怪异的味道，是这个空间里充斥的东西，温度越来越低，我的身体越来越打战，内心已经到了恐惧的边缘。我看到了四张解剖台，上面赫然躺着四具尸体！

我开始大口大口喘起粗气来！也许是因为紧张，也许是因为恐惧，我觉得自己的手一直不听使唤地在颤抖着。我看到了一个亚洲模样的女人，她静静地躺在解剖台上，她的左胸口位置上有一个长长的刀口。那是被人用刀子插进了心脏吗？下一个是一个金发的女人，她的脖子上有着黑黑紫紫的淤痕，她瞪着的眼睛死都没有瞑目。另外一个更加恐怖，完全分不清楚是男是女，因为那个人已经彻底变成了“焦炭”，全身都皱缩成一团。最后一个全身苍白，浮肿，就像一个在水里泡了好几天的“白面包”一样。

莫非……莫非他们就是濑户挚子、安娜、瑞克斯和贝拉描述为谋杀和死掉的

“杜比”吗？这究竟是怎么一回事？不是说，他们都是精神病患者，而所谓他们杀死杜比的事只是他们头脑中的幻觉吗？可是为什么真的有人死了呢？还是被他们幻想中的杀人方法杀死了？我的困惑非但没有减少，反而比以前增加了。我告诉自己，一定要冷静下来。

我再一次走到四张解剖台前，仔细地观察着眼前的四具尸体。我想起了在谋杀分析中的“被害人研究”的方法。我努力镇定下来，告诉自己一定要用科学的方法再一次鉴定他们的死亡！亚洲人的面孔，金色的头发，魁梧的男人，鲜红色的头发……这一切特征，不就是我遇到的那四个病人的特征吗？My God！不会是这四个病人被人用他们自己幻想出来的方法杀掉了吧？这也太荒谬了吧？死的人不是别人，正是他们自己！等一下，那也就意味着，所谓的幻想谋杀者变成了被害者！

如果杜比只是他们心中伤痕的幻化，他们杀死杜比就已经可以解决问题了，可为什么局面刚好反过来了，而是变成他们被杀了呢？不！这一切怎么会变成这样！整个迷局并不像唐纳德所说的那样！

我的脑袋就像要炸开了一样，我哆哆嗦嗦地从冷冻的密室里走出来，按了双人床后面的按钮，那扇密室的“门”就关上了。我看着自己眼前的一切，感到孤立无援。天色已晚，外面黑暗的海浪拍打在沙滩上，我感觉到了夜深人静的可怕。

Chapter 8
被害人分析

在幻想世界中的谋杀者竟然变成了现实世界的被害人，也就是，我遇到的四个不同的病人变成了四个不同的被害人。如果按照这个思路分析下去，这四个被害人一定有一个共同的特征，成了谋杀他们的人必须去谋杀的理由。

我开始重新整理自己的思路，我要回到四个病人的世界里。我该如何了解四个人的经历和性格呢？我平静了自己的情绪，努力回想我遇到他们的种种细节。我的手头没有关于他们的任何资料，唯一可以依靠的就是他们不约而同给我讲的“故事”。

第一个遇到的人是濑户挚子，她的孩子被人拐骗走了，她痛恨那个拐骗她孩子的人，她甚至必须要在那个人的胸口捅上一刀才能解除她心中的痛苦——所以，濑户挚子本人胸口上就被捅了一刀死掉了。第二个是安娜，她被她深爱着的男人抛弃了，她痛恨背叛她爱情的人，她只能用绳子勒死他，才能解恨，才能摆脱被抛弃的愤怒——所以，安娜本人就被人用绳子勒死了。第三个是瑞克斯，他痛恨那个杀死了他朋友的连环杀手，他一直念念不忘在追查那个人的下落，他咬牙切齿、信誓旦旦地要烧死那个人——所以，瑞克斯本人也被大火烧死了。第四个是贝拉，贝拉有点不同于其他三个人，贝拉是因为生活太痛苦，她太堕落，酗酒太多而总产生幻觉，在幻觉里，她看到了一个被海水溺死的男人——所以，贝拉本人也被海水溺死了。

每个被害人的死都和他们的伤痕记忆息息相关，难道……他们是用自己幻想的方式杀了他们自己？也就是说，他们幻想中的杜比，其实就是他们自己？再引申一步说，他们其实才是拐带孩子的骗子、抛弃爱人的人、杀了人的连环杀手和总是见到鬼的酒鬼？再分析下去，他们就从一个被害人变成了谋杀者——四个谋杀了自己的人？这也未免太荒谬了吧！

正当我在百思不得其解的思考中无法解脱时，电脑上的视频电话又响了起来，唐纳德的头像亮了起来，他开始找我了！

“你现在一定非常困惑吧？你不知道那四个人为什么会死？尤其无法了解，为什么他们会死于自己幻想的杀死杜比的方法。”唐纳德医生的嘴角微微一笑，他很优雅，也很英俊，和照片上那个帅气的男人一样富有吸引力。

“我的结论是，他们自己谋杀了自己。可这显然不能成立。但我没法看到法医的尸检报告，所以，我还不能排除他们死于自杀。毕竟，人是可以刺中自己的胸口、上吊、自焚和跳海的。”我说着自己的推测。

“没错，是有可能是自杀。但问题又绕回来了：他们为什么要用幻想杀死杜比的方式杀死了自己呢？就算是自杀，也未必会这么巧合吧？”唐纳德医生显然是一副挑衅的神情，他在等着看，我能用什么方法找到真相。

“在对某些个案的分析中，我们总是存在一些潜在的移情，我们总是把自己的想法和感情强加给被害人。Vera，这可是你的被害人研究那篇论文里发表的观点哦。我提醒你一句。”唐纳德医生拿起一本厚厚的论文集，视频里头的他似乎是在表明，我的论文他都有研究。

“你是在暗示……”我眯着眼睛，仔细回想着自己写过的那些结论。我突然有所领悟！在我的眼中，我已经先入为主地认为我遇到的四个人是病人了！再加上唐纳德医生的诱导，我就会更加毫无疑问地认同我所遇到的四个人都是精神病患者。可我凭什么仅从他们的眼神、面部表情和语气里，断定他们一定是精神病患者呢！是我把自己的想法强行加在了被害人的身上——那么，如果我换一个思路，我不再认同他们都是精神病患者呢？也就是说，我遇到了四个很正常的人，但是他们遭遇过被伤害的经历。

看来，唐纳德医生和萧维洛老师一直偷偷地躲在暗处，看着我手足无措和连连犯错呢！这真是一场残酷的训练，我心里想着——就连自己杀人的痛苦记忆都被挖了出来，成了这场训练的催化剂。

Chapter 9
另一种视角

所有的事情都可以反过来想，如果四个病人其实是四个正常人，那么会不会是观察他们四个的我才是病人呢？我把思路又拉回到最一开始的原点，也就是我从旅馆里醒来的那一刻！我走过很多轨迹，遇到不同的人，听到了不同的故事，如果唐纳德医生设计的角色扮演其实刚好掉转过来，那很可能是我在扮演一个病人的角色，而我遇到的掉都是正常人。我看到他们的病态，恰巧是因为我有病。

分析人类的心理和精神是一件极度耗费脑力的事，我沉浸在有些令人崩溃的思考里。后来，我干脆停止了思考，我要让自己的脑袋放空！不知道过了多久，我的思

绪终于慢慢地平复了很多。我在床上一直呆坐着，此时，我的手碰到了那本书《生活的图景》。既然，整件事都被这本书指引着，相信这本书也一定是发现真相的关键线索！我把书翻到了第25页、第56页、第78页和第102页。我把那上面有人用笔画过的句子都摘抄了下来：

人生，总有太多的意想不到，也有太多的无法计划，你永远不会知道，下一秒钟，会在你的生活里闯入什么。

我们从来不曾认真思考过自己的人生，也没有认真关注过我们身边的人，直到有一天，你也许将永远和你的生活告别，或是和你身边的人告别，你才发现也许有些事、有些人，一直很重要。

当我们面临危险的时候，我才发现，原来我们的人生中有这么多未知数。你明明在寻找一个拯救你的力量，却忽然看到，那个能拯救自己的人，只有自己，这个道理，对于爱情也适用。

有时候，我们真的不清楚，到底我们一直在试图了解的人究竟会是一个什么样的人。因为一个人总是把不同的侧面展现给不同的人。所以，让你迷惑的是，你最后看清楚的那个人究竟是美好的，还是危险的呢？

我们一直在寻找存在于内心里的一线希望，但是，寻找到最后才发现，希望正是幻灭的根源。

我开始努力回想关于这本书的事：我怎么没有发现，这本书原本就不是我自己买的，而是萧维洛老师送给我的——看来，从他送给我的那一刻开始，他已经设计好了整个实验和考验我的迷局。是的，我的确太粗心大意了，我居然从头到尾都没有注意到，这本书根本没有介绍书的作者是谁！

我反反复复阅读着这些看似毫无关联的句子，它们像是一种独白式的感慨。每当我遇到一个病人的时候，我就会发现一段不同的感慨。这些感慨就像是过去记忆的片段和生活的碎片，但作者抒写的方式和语气却是同一种风格！如果这些感慨的句子是出自同一个人之手，那么我所遇到的人，会不会也是同一个人遇到的人呢？

也就是说，四个人心中幻化的同一个虚拟的角色，会不会……局面刚好相反呢？

其实是同一个人的心中幻化出了四个不同的虚拟角色呢？我忽然就在一念之间，把所有的局面都反转过来！因为似乎只有这样的解释才能说得通，为什么那四个病人都死了。我感觉到有些兴奋，就像是一个在夜里乱闯乱撞的人终于看到了一点光亮，找到了出口。

按照《生活的图景》这本书上画的句子，我开始重新整理一个故事的线索。我要把遇到的四个人的经历按照时间的先后顺序重新整合！

Chapter 10
拼凑的记忆

濑户挚子——安娜——瑞克斯——贝拉。这是四个人物线索。丢失了孩子——失去了爱人——失去了朋友——堕落了生活。这是一个不断遭遇不幸的过去。

我在想，我要建立一个被害人和凶手之间合理的关系链。四个被害人和凶手之间的关系究竟是什么呢？凶手杀死他们的动机又是什么呢？我回想了四个人讲给我的故事，所以，我想，如果我遇到的四个“片段”刚好是凶手所经历过的一段完整的人生呢？这样的人生足以摧垮一个人的意志，让那个人有了可以谋杀的理由。

当我的脑中迸出了四个片段摧垮人生的念头时，我不可避免地想起了《生活的图景》那本书在书页的空白处写下的几段话：

我是未来的你，也就是五天以后的你，你可以叫我罪恶小叶。因为这些年来，我一直跟随你，住在你的心里。我就是另一个你。五天以后的这个时间，你将坠楼而死，因为你实在无法再忍受我，也就是另一个你，罪恶的你。所以你会跳楼。因为你无法再继续背负杀死方旋笛、庚蒂、夏之焕和米楚的痛苦，因为你根本无法面对林邈。所以，你注定要死。而且是死在自己的手上，以最惨烈的方式。

当我拥有了方旋笛的长发、庚蒂的面孔、夏之焕的眼睛、米楚的心脏时，我就可以骄傲地和林邈说：我才是你在这个世界上最完美的女孩！

来，看镜子里的我，你还能看到从前那个丑陋平凡的我吗？我用犯罪心理学优等生的智慧和沾满鲜血的双手偷取了别人的美貌，只为了成为我最爱男孩眼中的最完美的女孩，那是她们的罪。我以为这是我一个人永远的秘密，但是是谁？是谁在诱导我一步步走进迷宫深处，在一连串恐怖离奇的谋杀中向我发出死亡的召唤？

你真的了解你自己吗？如果你对着镜子问一百次：我真的是我吗？你的答案可能就不那么确定了。我们或者会把自己想象成任何人，而且你也许无法驾驭这种想象……

我的双手又开始不停地颤抖起来，我竟然因为自己而感觉到无比的恐惧。我是在害怕我自己吗？我永远也忘不了，当我的记忆恢复的那一刻，终于发现自己就是那个杀死了四个女孩的残忍的连环杀手的那一刻，我是如何的战栗！每当我摸到自己的头发、面孔、眼睛和心脏的时候，我都清清楚楚地感觉到了她们死亡的痕迹竟然永恒地残留在我的身体上了！我活着就是她们死亡最好的证明！

我痛苦得快要死掉了！我打开电脑，点了唐纳德的头像，我看到他了，就像看到了救星！我对他大吼着："快把我从这个该死的实验和考验里拯救出来吧！我快要崩溃了！"不知不觉间，我的眼泪已经沾满了整个脸颊。

"我知道，你很痛苦，你很痛恨过去的自己。但你必须超越过去，否则，你就是一个永远的怪物！"唐纳德医生眼神恳切地安抚着我。

"在我的精神世界里，残缺是一种完美，另一个自己就是敌人！我痛恨，那个是敌人的自己！"我已经哭得泣不成声。

Chapter 11
我知道你在想什么

我在虚脱一般的回忆和推测里彻底疲倦，我躺在床上睡了一觉，之后，不知道过了多久，我醒了过来。我打开电脑，敲击出了这样几行字：

当考虑其他人的行为时，要摒弃自己的爱好、欲望、幻想、需要和道德观。在行为画像的过程中，画像者会反映出他自己的心理现象或者性格，有时，这些反映甚至比犯罪行为的反映还要多。

这曾是我引以为傲的结论，是我这三年来探索犯罪心理学之后的心得。可没想到，我却自己一次又一次地犯着同样的错误：在这个案子的分析中，我不断掺杂了自己的记忆和感情，以至于混乱了思路，搞错了方向。

就在我思考的时候，我听见了有人在敲我的房门，我打开了房门，看到有四个人坐在走廊里——他们的手脚都被结结实实地捆绑起来！我简直不敢相信我的眼睛，因为他们四个人就是我先前遇到的濑户挚子、安娜、瑞克斯和贝拉！他们不是已经死了吗？怎么会活生生地再次出现在我的面前呢！

就在这时，有一把雪亮的匕首抵住了我的后脖颈，我听到了一个冰冷的声音说道：“你不该继续存活在这个世界上，因为你的存在，只能是无限痛苦的延伸！”当我回过头去的时候，我看到一个既熟悉又陌生的面孔：唐纳德医生！

“你——就——是——杜——比？”我一字一顿，无比震惊地询问着。

“和你聊天很开心，谢谢你，让我出现在你的生活里，看到一个无比痛苦的自己。”说完，唐纳德医生举起了雪亮的匕首！

只听“乒”的一声，唐纳德医生倒在了地上，他的腹部中了一枪，鲜血淋漓，因为，他的肚子被我的手枪打开了花。

“你怎么知道，他会来杀你？”濑户挚子问道。

“因为我也是他心里那个必须死掉的懦弱的痛苦的矛盾的自己。”我给出了我最后的结论。

“嘿！其实我不是被害人濑户挚子，我是扮演成濑户挚子的心理研究院松本穗。”松本虽然手脚还被绑着，但显然有了一种脱离危险的如释重负。

我们在旅馆的另一个房间里找到了被打昏了的萧维洛老师。他不好意思地尴尬地对我说：“本来是一个考验你和测试你专业能力的迷局，没想到我们差点送了命！”

Chapter 12
寻找杜比

“每个人都有摇摆不定的时候，在好与坏和善与恶之间。如果继续让自己把正义的现在和恶魔的过去不断混淆的话，最终痛苦和崩溃的只能是你自己。搞不好，你会变成另一个怪物。Vera，你总得学会放下过去……”

我想起了唐纳德医生对我说过的话，正是这样体贴的安慰，让我看到了他的内心。如果说，他真是那个用角色扮演法来治疗四个病人伤痛的医生，其实，他恰巧验证了我心中的那个猜测：他就是那个充满内心的伤痛和愤怒的遇到四个正常人的病人。

我推测出了萧维洛老师的意图，他是让我在这个孤岛上成为唐纳德医生，经历一遍唐纳德医生在精神分裂之后所经历过的种种遭遇。这样，我就更加了解，在唐纳德医生幻想的世界里，究竟是一个怎样的图景。

唐纳德医生说过，“我知道，你很痛苦，你很痛恨过去的自己。但你必须超越过去，否则，你就是一个永远的怪物！”所以，我断定，他痛恨过去的自己。就像那四个人一样，不断杀死一个叫杜比的人，就像不断杀死一个又一个自己。这恰巧和唐纳德医生的经历相吻合：

三岁的时候被人拐带走，于是，他进入了另外一个家庭，却遭受了太多的虐待和凌辱。长大之后，他恋爱了，又被他深爱的女人抛弃了。再之后，把感情寄托在自己的朋友身上，可最好的好朋友被连环杀手残忍地杀死了。后来，他遇到了当初因为他的失踪而痛苦了一辈子的日本亲生母亲，他的母亲因为他被拐走而精神分裂了！即使已经成为优秀的精神科医生的唐纳德医生，也把持不住自己了！最后，他终于因为种种不幸的遭遇崩溃了，他开始不断地看到自己死了。

于是，他决定杀死痛苦的母亲和懦弱的自己。当他无意间遇到了与他的经历和遭遇类似的人时，他就扮演了当初伤害过他的人，而他杀死的则是一个又一个像自己的人。

这是一个很绕圈子的分析，在唐纳德精神分裂的世界里，他真实遇到的失去了孩子的濑户挚子就像他可怜的母亲一样痛苦，他真实遇到的安娜就像当初那个被别人抛弃的自己一样脆弱，他真实遇到的瑞克斯就像那个失去了最好朋友的孤独的自己一样，他真实遇到的贝拉同样像他自己一样因为堕落和酗酒而不断产生自己已经死了的幻觉。他终于杀死了他们！因为在他的世界里，他杀死的是痛苦的不断被记忆纠缠的母亲和那些个脆弱无助愤怒的自己。

我看到唐纳德医生把自己幻想成解决痛苦的杀手杜比的精神分析档案，不禁苦笑了一下。此时，萧维洛老师走过来说道：“我找了四个心理研究员，化装成和四个被害人相同的样子，还把唐纳德医生单独关在一个房间里。我以为一切都天衣无缝，布局完美，没想到……”

“没想到唐纳德医生虽然是个疯子，但一样狡猾。他打昏了你，还劫持了四个心理研究员。你这个老师做得可真丢脸。”我故意戏谑着萧维洛老师。

“可你身上怎么会有一把枪呢？”萧维洛老师显然是好奇这个问题。

“要不是我时常在身上带一把小手枪，我早没命了。”我微笑着说。其实，他不会明白，我身上的那支枪里，只有一发子弹，而子弹，是留给我自己的。

“如果继续让自己把正义的现在和恶魔的过去不断混淆的话，最终痛苦和崩溃的只能是你自己。搞不好，你会变成另一个怪物。”我牢牢记住了已经疯了的唐纳德医生的话，因为，那些写在《生活的图景》那本书上的话开启了我杀人欲念的记忆。也许，我会成为下一个唐纳德医生。

我们总在现实的生活里寻找生活的真相，却发现生活的真相可能只存在于想象的世界中。谁都可能成为那个虚幻的“杜比”。悬疑志

蜕变
文/陈晨
图/七彩明明

2012年，这是个整个世界为之动容的年份。古老的玛雅预言告知世人：地球即将遭遇一场毁灭性的灾难，物种灭绝，生灵涂炭，人类历史即将揭开新篇章。

“世界末日”——这究竟是人类文明的终结点，还是几千年前的玛雅人跟世人开的一个天大的玩笑?

我不得而知。

可我知道，接下来要讲的这个故事的的确确和2012有关。

1. 造访

如果你生活在我所居住的城市，那你一定会听说过一个名字——杜秋。

说起来他既不是商界大腕也不是政界精英，而只是一个生物学者。若你第一次见他的那副尊荣，一定会哑然失笑，瘦小枯干，不修边幅，满嘴的胡楂让还不到30岁的他看起来活像个小老头。可就是这个貌不惊人的家伙却有着惊人的头脑，他曾接连攻克过多个国际科研项目，几次出国造访，获奖无数，被誉为“国内最年轻最具潜力的生物学家”。

虽说我和杜秋是高中同学，又居住在同一座城市，可他高高在上的地位再加上整日只知道把自己埋在实验室里的孤僻性格，只能让我这个小诊所的医师敬而远之。所以，我们在生活中几乎没有交集。

所以当我接到杜秋的电话的时候，我很意外。

他在电话里声音古怪，语速极快，只是说马上要来见我，有急事求我帮忙。放下电话，我有些纳闷，我一个小医生会帮到他堂堂的大生物学家什么忙？难道他病了？笑话，他享受的是国家干部级别的医保待遇，怎会用得上我?

正在我胡乱猜疑的时候，门外响起刹车声，他来了。

天气并不热，可厚重的黑色风衣却把他整个瘦小的身躯都包裹得严严实实，一顶

斜歪的毡帽扣住了大半个脑袋，更为夸张的是，原本鼻梁上的近视镜被一副巨大的墨镜取代，这使我几乎无法看到他的脸。

诊所的患者并不多，我把杜秋直接请进里间。落座后，他接过我递过的一大杯水，一饮而尽。

“晨，你得帮我……”他用白色手套擦了擦嘴角说。

我这才注意到他的脸，他的皮肤很差，不，简直是糟透了。黑褐色的嘴唇像缺少水分的枯枝一样，裂着大大小小的口子，有的已经结了黑色的痂。难怪他的声音会有点怪异，想必每说一句话嘴唇都会痛得厉害。作为医生，我知道这是他每天工作在实验室里和数不清的化学药品打交道的结果。

“你患了严重的皮肤病，老同学。”我说，“你应该到更大的医院去接受更系统的治疗。”并不是我有意推托，我很清楚自己诊所的医疗条件，更何况我这两把刷子，根本就治不了他这么严重的皮肤病。

可让我意外的是，他却重重地摇了摇头，一边把水杯递给我示意我满上，一边警惕地看了看周围，门是关着的，屋里只有我们两个。

又一杯水下肚，他长吁了一口气，终于摘下了帽子、墨镜。

在我的职业生涯里，我见过无数患了各种怪病的患者，视觉神经已几近麻木，但那一刻，我着实被惊着了。

杜秋那原本满头凌乱茂密的黑发早已不见踪影，出现在我眼前的是一颗光秃秃的脑袋，而且整个头顶都布满了大大小小的裂口，有的地方甚至能从翻开的皮肤里看到里面的鲜红的嫩肉。不只是头，他的脖子、眼皮、耳根，到处都是口子，像一张张咧开的嘴。我的视线下移，看着他包裹着身体的厚厚风衣，不由自主地打了个冷战。看来，他的问题比我想象的要严重得多。

“晨，我不是想找你来治我的病，而是救……我的儿子！”

“你的儿子？彬彬？他怎么了？”

彬彬我见过，那是几年前的一次同学会。那时的杜秋有着一个完整幸福的家，不但娶了我们年轻貌美的班花李薇薇，而且还生了个乖巧的儿子，当初小家伙还在襁褓中，虎头虎脑十分招人喜欢。谁料好景不长，杜秋不久就成了单亲父亲。起因是他一心致力于生物学的研究而冷落了年轻貌美的妻子，风流成性的李薇薇怎耐得住独守空房的寂寞？于是，红杏出墙便成了顺理成章的事。再后来，她一狠心扔下了还在襁褓中的彬彬，投入了一位大款的怀抱。

杜秋开始气得几乎疯掉，满世界地找李薇薇和奸夫，并扬言要要了这对狗男女的命。几年过去，李薇薇踪影全无，犹如人间蒸发了一般。杜秋无奈，只得带着彬彬相依为命。

算算彬彬现在也该有五六岁了吧，一个几岁大的孩子能出什么事呢？莫非生了重病？

开玩笑，我看现在正身染重病的是眼前这位双眼猩红的生物学专家。

2. 讲述

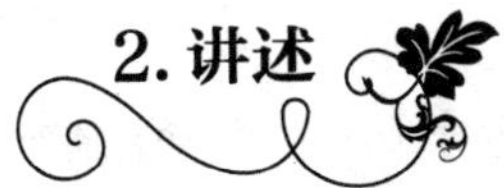

"晨，你听说过玛雅预言吗？"杜秋突然没头没脑地问我。

我点点头。

关于2012世界末日的言论在今天早已不是什么新闻，我当然听说过。不过这和彬彬能扯上什么关系？杜秋显然看出了我的疑惑，他抿抿干裂的嘴唇痛苦地晃晃头，示意我听下去。

"根据玛雅人的预言，2012年12月21日地球将遭受有史以来最严重的灾难，地壳变动，无数火山同时喷发，全球气温急剧升高，整个世界将变成所有生物的熔炉。当然，人类也不例外。然而，少数达官贵人和人类精英将会乘坐坚固的诺亚方舟躲过这场浩劫，他们承载着灾难过后重建人类文明的使命。但是很明显，你并不在这少数人当中——很遗憾，我也不在。所以，我们只能和大多数人一样，静静地等待着命运的裁决。

"本来我的生命是灰色的，我对这个世界也不抱有太大幻想，所以，对死亡我并

不畏惧。最让我无法割舍的是我的儿子——彬彬。他刚刚五岁，他的人生篇章刚刚开始，他甚至还没来得及感受生活的美好，就将被这个世界遗弃。他有一万个生存下去的理由……”

杜秋神情悲怆，猩红的眼睛里透出无尽的哀伤和绝望，我不知道怎样安慰他。

我想，他不是来找我拯救世界，拯救彬彬的吧？就算是，我也不是神，不是奥巴马，不能给他一张诺亚方舟的船票。对于世界末日，我根本无能为力。

“我是一个伟大的生物学家，我不能任凭命运摆布自己，”杜秋说，“晨，我找到了一种方法，也许会让我的儿子不搭乘方舟也能生存下去。”

“是什么？”他的话又一次让我陷入震惊，更让我感到好奇。

“几个月前，我出国考察，我在加勒比海的开曼海沟里发现了一种奇怪的鱼。这种鱼外形有点像人类，但它有极强的生命能力，甚至可以在100℃的热水中几乎无氧的状态下生存下去。我给它起了个名字叫——往生鱼。”

“往生鱼？”

“对，这种鱼大多体型较小，和常见的鲫鱼差不多，但也有例外——譬如我捕到的那条，体重达到了几十公斤，有如成人大小。这种鱼的发现，毫不夸张地说，让面临死亡威胁的人类看到了新的希望。”

可鱼的生存能力又跟世界末日有什么关系？我越来越糊涂了。

“知道吗，晨，经过几个月的努力，你猜我在这种鱼的体内提取到了什么？”杜秋的眼神中突然放出异样的光，“那是一种使人的抵抗力增强几十倍甚至是上百倍的生物激素，并且——我已经成功地把这种激素运用到人体上。”

人类身体注入鱼的激素？亏这位生物学家想得出来。转而，我忽然意识到了很重要的一点，立刻就冒出了冷汗。

“你该不是拿彬彬作的实验吧？”我问。

“不，开始并没有，我的第一个实验对象是我自己。相信你也看到了我身体的变化，那不是化学药品的作用，而是往生鱼的激素导致的。”

说到这儿，杜秋突然停了一下，他慢慢摘下手套，撸起袖子，露出来一节胳膊。

天哪，那还能叫胳膊吗？我几乎喊出来！

他的手臂呈淡红色，上面隐隐似乎反射出金属的光泽。定睛细看，原来是一层细密的暗红色的鳞片覆盖在皮肤上，鳞片的透明度极高，甚至连下面的脉络骨骼都清晰可见。

未等我作出反应，杜秋已顺手拿起一旁的暖瓶，掀起盖子，朝露出的胳膊上淋去。滚开的水冒着热气，落到杜秋的手臂上发出“嘶嘶”的声音。我想，杜秋的肌肉应该是被烫熟了。

没想到，杜秋竟然朝我露出了一个难看的笑容。他抬起刚淋过开水的胳膊挥了挥，作出了一个毫发无损的表情。我木然了半天才回过神儿来，喃喃道：“倘若2012真的来临，老同学你将改写人类的历史。”

“没那么简单，”杜秋脸上刚才兴奋的表情突然一扫而空，神色黯然地说，“我忽略了一个重要的问题，那就是往生鱼的激素有严重的副作用。更为严重的是，是在我给彬彬注射之后才发现的。”

“副作用？怎么还会有副作用？那彬彬现在怎么样了？”看到杜秋这副样子，想必彬彬也好不到哪儿去，我的心一沉。

“老同学，这正是我来找你的原因，我想，无论如何你都应该跟我走一趟。”

3. 彬彬

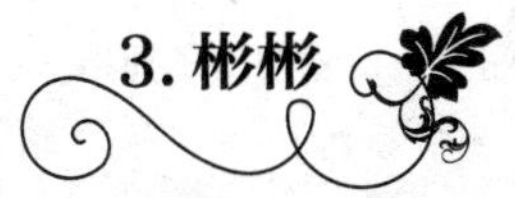

时近晌午，干巴巴的路面上微风拂过，扬起一阵尘土。

我和杜秋一前一后出了诊所，钻进了他的小轿车。车子发动的瞬间，无意间我扫了一眼后视镜，目光立刻就被黏住了。一个戴着墨镜的黑衣人正站在街角，后视镜里能清楚地看到他镜片上折射出的两点寒光，他分明在窥视着我们这里。

我立即扭过头，瞬间，街角处的黑影已无影无踪。

他是谁？为什么要跟踪我？

“他的目标不是你，而是我。”杜秋一面发动车子一面说。很显然，他也看到了那个黑衣人，但他毫不在意的表情却让我无法理解。很快我就明白了，据杜秋讲，黑衣人和他一样隶属国家生物学院，当初曾和杜秋一起研究过提取往生鱼超抗体激素的课题。但是他们没有杜秋的幸运，均以失败告终。很显然，这样一项科研成果要是公之于众，无疑将会引起整个生物学界的巨大震动，也必将会换取一笔巨大的财富。于是，那些心术不正的生物学者，便找来各种各样的人，想出各种各样的方式来窃取往生鱼的激素。所以，尾随也就不足为怪了。

“那你怎么不把它卖给国家，那你岂不是发财了？”听完杜秋的讲述，我问。

“还是因为它的副作用！你刚刚看到了，我全身的肌肤几乎都变成耐高温的鳞片，很明显我已经不是一个正常人。我能够把自己变成一个超人，但我却没能找到方法再把自己变回去！你想想，如果我把这种激素泄露出去，那这个世界会变成什么样子？”

是的，那的确很可怕。我考虑了一下，说：“可要是因为如此人类真的躲过了世界末日的劫难，那你也将成为救世主啊！”

杜秋苦笑了一下，看了看我，欲言又止。

车子在公路上疾驰了很久，出了市区，来来回回转了几个弯，终于在一栋富丽堂皇的别墅前面停下来。

下了车，我习惯性地扫了一眼周围，不远的公路上，一辆黑色轿车在缓缓移动，很快消失在转角处。我刚要示意给杜秋看。却发现他已经走到门前，接着伸出了拇指。

“放心，没有我的指纹认证，任何人也进不来这栋房子。”

“认证正确！”随着一个机械冰冷的女声响起，大门缓缓打开。

杜秋的家远远没有我想象中的富丽堂皇，除了生活必需品外，没有一件多余的家具，甚至连一个多余的人都没有，偌大的房子显得异常空旷。

“彬彬在哪儿？我怎么没看到？”走了一圈，仍没看到孩子，我隐隐有些担心。

“别急，你随我来，”杜秋手里不知什么时候已经多出了一个手电筒，他走到墙边，随手按下了一个开关。

一阵低沉的吱嘎声响起，我们面前脚下的地板开始缓缓移动，声音停止，地面上凭空多出了一个一米见方的洞穴。杜秋挥挥手，示意我跟紧他，便率先支起电筒，沿着陡峭的台阶一步步走了下去。

下了台阶，没走几步，又是一道全封闭式的铁门出现在我们面前，那个女声又冷冰冰地响起："请指纹认证！"

如此复杂，如此严密，我仿佛置身于国家保密局。此刻，我莫名地紧张起来，手心里全都是汗。

接着眼前一亮，大门开启。我的眼睛被突如其来的强光刺得陷入了短暂的黑暗，慢慢适应后，仿佛又到了另一个世界。

琳琅满目的各种瓶瓶罐罐布满了整个房间的各个角落，五颜六色的化学试剂充斥其中。瓶罐之间还连着粗细不同的玻璃管子，不知名的液体在管子之间流通着，"咝咝"地冒着白气。几十盏日光灯嵌在屋顶，雪白的灯光直泻而下，照在各种玻璃器皿上折射出白刺刺的光。

无疑，这就是我们伟大生物学家工作的实验室，此刻看起来更像是童话故事里的地下宫殿。

我跟随着杜秋小心翼翼地绕过了这个玻璃方阵，来到了里间，一个偌大的工作台出现在我面前。工作台上放着一个巨大的方形容器，里面盛满了淡蓝色的液体，一个娇小的身影蜷缩在容器底部的角落。杜秋走上前，伸手敲了敲玻璃缸，低声唤道："儿子！"黑影动了动，靠向了缸壁。

我想，我见到彬彬了。

虽然我作好了充分的思想准备，可还是惊得足足几分钟讲不出话来。出现在我眼前的是一个人形的奇怪的动物，它全身裸露在水里，淡黄色的细密鳞片布满周身，肢体像鱼儿一样扭动着。它的头部呈三角形状，突起的双眼暗淡无光，鼻梁塌陷，嘴巴夸张地咧到耳际，随着两鳃均匀的起伏而一张一合。请注意，是"鳃"，而不是"腮"。这个几岁大的娃娃居然具备了鱼类的特征。

天哪，眼前这一幕完全超出了我的理解范畴，我几乎无法相信自己的眼睛。这个

怪异的生物学家到底对他的亲身儿子做了什么？

“你看到了，这就是往生鱼激素的力量……”杜秋无助地搓着双手，谦卑的声音中带着一丝颤抖。

“杜秋，你个没人性的家伙，难道这就是你拯救儿子、拯救人类的方式？”呆立片刻，我终于控制不住地狂怒咆哮起来。

4. 拯救

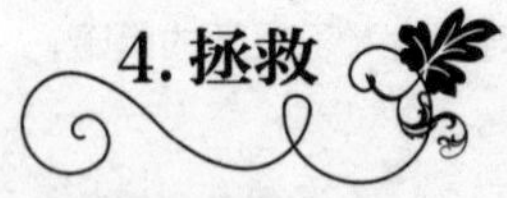

“晨，你是我唯一信得过的人，我只能把彬彬托付给你。”

杜秋期盼的眼神让我无法拒绝，我能理解他不把孩子带去医院治疗的苦衷。如果他那样做，彬彬的病不见得会被治好，而一定会被那些所谓的医学权威当做怪物来研究，说不定没等到2012来临，孩子的小命就会不保。

可现在的问题是我帮不上任何忙，对于彬彬，我根本无能为力。

杜秋见我面露难色，起身从一大堆瓶瓶罐罐中慎重地拣出一只红色的小药瓶，递到我面前，说：“这个，这个可以救我的儿子。”

打开瓶塞，一股怪异的辛辣味直冲鼻孔，那一刻我几乎被熏得丧失了意识。

“小心，”杜秋连忙提醒我，“这种药物含有剧毒，但它对往生鱼激素的释化有特殊功效，每天只能使用一点点。”

“你居然对彬彬用毒品？”我诧异地问。

“没办法，”杜秋摇摇头，“我不能看着我的孩子一辈子这副样子待在水里。”

沉默了一会儿，我忽然意识到两个很重要的问题：既然杜秋找到了救彬彬的办法，为什么还一定要找到我？还有，假如世界末日真的存在，杜秋为什么不等到劫难过后再医治彬彬？

杜秋显然看懂了我的疑虑，不等我问便说：“老同学，有两件事我还没告诉你：1. 根据历史学家最近发布的权威预测，玛雅人预言中所谓的2012只是一个时间代号，标志着一个新纪元的开始，而根本不是什么世界末日。人类一直都只是在杞人忧天。2. 往生鱼的最长寿命只有五年，使用其激素的人将会大大缩短寿命，彬彬用量不大，尚能补救。而我，注射过量，已是时日无多了，恐怕我无法看到彬彬康复的那一天了。”

杜秋凝视着鱼缸里的儿子，长叹了一口气。

我哑然无语，人算不如天算，杜秋费尽心机把自己和儿子变得跟怪物一样，却没想到末日浩劫一说根本就是子虚乌有。如今，身为当今最伟大的生物学家却没有能力拯救自己的孩子，不知道这算不算一种悲哀。

我详细地询问了红色药剂的使用方法和注意事项后，便打算起身和杜秋告别。因为杜秋的家有太多的人在窥视，我逗留太久，反而会给他造成不必要的麻烦。

刚走到门口，一声短促尖锐的奇怪声音突然在身后响起。我循声望去，在实验室里一个不起眼的角落里，也放着一个巨大的方形玻璃缸，只不过上面罩着一层半透明的白色纱布。刺目的灯光下，玻璃缸里水流涌动，看上去活像一口水晶棺材。

“那是什么？”我问。

杜秋没有回答我，而是快步走到玻璃缸前，猛地扯掉了蒙在上面的白布。接着，我又一次像见到外星人一样张大了嘴巴。

玻璃缸里满是墨汁一样的黑色液体，上面浮着一条我从未见过的鱼类。它的体积如成人大小，周身布满了和彬彬一样的鳞片，只不过这条鱼的鳞片是暗黑色的。掀开布帘的瞬间，它动了动，将大部分身体都浸进了黑色液体里，只露出了一个怪异的头。它的头犹如狸猫脑袋一般大小，小得根本无法与笨拙的身体成比例。更为恐怖的是，这条怪鱼根本看不到口，而头顶位置却长着一双黄色的眼睛——此刻，这双眼睛正一动不动地盯着我，让我不寒而栗。

杜秋轻敲了一下玻璃缸，怪鱼又叫了一声，缓缓地沉了下去。

“这就是往生鱼，希望它没有吓到你。外面那些家伙挖空心思想找到的激素，就是从这条鱼的头部提取的。”杜秋轻描淡写地解释。

难怪它的脑袋那么小……

我顶着一头汗水，几乎是小跑着逃离了这个是非之地。

5. 律师

从这天开始，我睡觉就没有踏实过。无论白天还是夜晚，总会有那么几个人影在我诊所周围不显眼的角落里晃荡着。杜秋跟我讲过他们的来头和目的，据说这些人都是杀人不眨眼的主儿。说实话，我的确有点怕了，本来这一切与我的生活毫无瓜葛，是杜秋让我卷入了这场莫名其妙的纷争。此时我想要全身而退并不是什么难事，可一想到鱼缸里那个可怜的孩子，我的心里就会隐隐作痛。

那个孩子，我得救他。

于是，我开始每天驱车往返于诊所和杜秋的实验室。对于那些“尾巴”也见怪不怪了，他们或许是对杜秋的身份有所忌惮，每天只是远远地跟着，并不硬闯，否则，凭我和杜秋如何拦得住?

渐渐地，彬彬在药物的控制下情况开始慢慢好转，浑身那些细密的淡黄色鳞片慢慢变软，人也活泼多了，甚至在见到我的时候会亲昵地摇起“尾巴”。

相对而言，杜秋的状况却每日俱下，激素的作用和长期的无水状态使他整个人变得越来越像怪物，他现在甚至都无法出门，行动也越来越迟缓。每次，我都要在门外等半天他才会把门打开，他的话也越来越少，浑身大大小小的口子越来越密，也越来越深，有些地方经络和骨骼历历在目。我现在很少直视他，不是害怕，而是不忍。

“彬彬恢复得很好，我想按照计划，明天就可以为他做鳃部缝合手术了。”我放下药瓶，看着鱼缸里游来游去的孩子说。

杜秋感激地看了我一眼，艰难地点了点头，随手拿过一个小小的杯子，那里装的是被稀释过的脱水剂。为了不用每天像彬彬一样生活在水里，杜秋只能靠这个来维持。

当我收拾好东西准备离开的时候，眼睛无意间扫到了角落里的那个巨大容器——

那条大鱼，它还活着吗?

当我犹豫着是否要上前去看看的时候，杜秋已经开启了实验室的门。

我出了门发动了车子，奇怪，今天怎么没看到以往的尾巴? 难道他们已经对往生鱼失去了兴趣? 我正暗自纳闷，冷不防后座上传来一声咳嗽声。

后座居然有人，我猛地一惊，方向盘瞬间失去了控制，一阵刺耳的刹车声响起，一辆迎面驶来的大卡车堪堪与我擦肩而过。

“你是谁? 为什么会跑到我的车里? ”慌乱中我停下车子，从后视镜里打量着这位不速之客。这个家伙大腹便便，满脸横肉，奇怪的是他虽然戴着副墨镜，但仍然难以掩饰惶恐和谦卑的神情。更奇怪的是，这么个大块头什么时候钻进我的车里的，我竟毫无察觉，真有点不可思议。

“陈医生您好，冒昧冒昧。没办法，您的助手不让我去办公室找您，只好出此下策。”这个大胖子居然拘谨起来，甚至紧张得直冒汗。

“说吧，找我有什么事? ”我暗自松了一口气，看来他没有恶意。

“您一定认识杜秋，我见您不止一次地去过他家里。”

果然是那帮家伙，一定又是在打激素的主意，看来想从我身上下手，门都没有。我厌恶地瞪了胖子一眼，没说话。

“对不起，我不是故意要跟踪你，”胖子搓着手说，“我只是想知道您认不认识他的妻子……”

“李薇薇? ”我脱口问道。

看来我猜错了，这个家伙不是为激素而来，可他找杜秋的妻子干什么?

“太好了，看来您认识，”胖子高兴了，随即拿出一份证件在我面前晃了一下，我看清楚了那是张律师证，上面还有个名字——李维文。

这名字怎么有点熟悉? 一时间，我还真想不出来在哪儿见过。

“事情是这样的，李薇薇的父母在前几个月的地震中双双过世，留下一大笔遗产。而现在唯一的合法继承人李薇薇却找不到人，据说已移民海外定居。于是，我只好来找她的丈夫，可那个叫杜秋的从未让我进过门。要知道，那是好大一笔钱。”

胖子说这番话的时候，不住地吞着口水，我从那张肥脸上看到了两个字——贪婪。

这真是笔意外之财，如果能拿到，对小彬彬的后期恢复肯定大有帮助，这也算是李薇薇那个抛夫弃子的女人留下来的一点补偿吧。

“我能做什么？”我问。

“你只需明天带我去他家里，让他在这份合同书上签个字。事成之后，杜秋将会成为这个城市最有钱的富翁。当然，你我也会得到好处。”

我有些犹豫，考虑着是否要和杜秋商量一下。贸然带一个陌生人去他家里，肯定会激发他的反感，更何况还要保守实验室里的秘密。可我要是推托了，说不定会给他们带来重大损失。

晚上，我犹豫再三，还是拨通了杜秋的电话，打了几遍都没人接。我的心一下揪紧了，该不会是出了什么事吧?

6. 变故

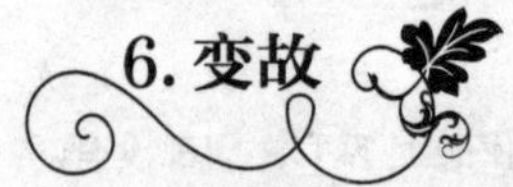

早上，那个姓李的胖律师早早地等在我的车前，我带好医疗器械便发动了车子，一路上心急火燎，风驰电掣。那个胖子在副驾驶座位上吓得嗷嗷怪叫。

杜秋家的别墅像以往一样，大门紧闭，毫无异常。

我示意胖子待在车里，便去叫门。

门开了，我走了进去，却没有看到杜秋的影子。我径直走向实验室，我知道，他如果不在房间里就一定在地下室。

我来到墙角按了一下地下室的开关，大门应声而起，在我步入后又随即关闭。我拾级而下，很快来到了密码门前，敲了敲，却没有回音。

通常，杜秋都会在这道门前等我，为我开门，可今天，人呢?

我目光一扫，看到台阶旁有一截东西，捡起来借着手机的亮光仔细一看，吓得几乎扔出去。

那是一截手指，具体地说是杜秋的食指。手指上布满了细密微小的鳞片，断处已经看不到血迹，只露出白森森的关节骨。很明显，这个是杜秋专门留下来为我开门用的。

到底发生了什么？我拿着那截断指，颤抖地通过了指纹认证，冲进了实验室。

“杜秋？你在哪儿？”

我眯着眼避开强烈的灯光，四处搜寻着杜秋的影子。

实验室里死一般的静，惊得我能听见自己的心跳。我快步来到了里间，还是没有找到杜秋。反倒是鱼缸里的彬彬看到我来，伸出小手拍着缸壁。

一种不祥的预感逐渐在我的心底蔓延。

我叹口气，放弃了寻找，转身打开了桌子上的医疗箱。

杜秋的失踪太不是时候了，要知道按照计划，今天可是彬彬做手术的最佳时期，可这个节骨眼上，他当爹的却没了。那这手术做还是不做？

我看着那半截断指愣了半天，最后一咬牙，双手伸进鱼缸捧出了彬彬。

经过这一阶段的药物治疗，彬彬身上的鳞片已慢慢褪去，皮肤也变成了健康的黑褐色，只是五官还有些走形。

离开水的他显然不太适应，两鳃急剧地张合着，口中不住地吐着气泡。

我的任务其实很简单，缝住这两个口子，让他试着重新用鼻子呼吸空气。这说起来简单，其实是彬彬能否摆脱水而在空气中生存的关键，所以，我不得不加倍小心。

还好，彬彬很配合，在麻醉药的作用下，不一会儿他就沉沉睡了过去。我立刻戴上了手套，抓紧时间开始缝合工作。彬彬的皮肤还是有点异于常人的坚硬，每一针下去都会滚出一粒圆润的血珠，他的身体也会随之轻抖一下，我想那一定很疼。

直到缝合结束，彬彬也没醒来。当我给他缠上绷带的时候，他的胸膛开始急剧地起伏，接着整个小脸憋得紫红，四肢也抽动起来。

我慌了，抱起彬彬却不知道该怎么办，他一定是离开水太久了。现在放回鱼缸里吗？说不定会被浸死……

杜秋也没跟我说过，彬彬手术后应该怎么处置呀？

豆大的汗珠顺着我的额头不停地掉下来，我有点六神无主。

猛然，怀里的彬彬似乎没了动静。我怪叫一声，嘴里喊着他的名字，同时轻轻地摇晃着他瘦小的身体。他的手臂软软地垂下来，依旧毫无声息。

慌乱中，我忙把手指探到他的鼻子下——还好，有呼吸。应该是睡熟了，我心中一块石头算落了地。

手术还没有完全结束，接下来，我还必须用手术刀分开彬彬像鸭蹼一样的手指和脚趾，这个相对来说简单一些。我看着自己的手指，小心翼翼地把握着分寸。

不知过了多久，我终于完成了这一切，给他细心地包扎好伤口后，我长吁了一口气。

我摘下了医用手套，静静地凝视着这个可怜的孩子。他的皮肤因水分的急剧流失开始干裂，瞬间我想起了杜秋身上那密密麻麻的口子，不禁打了个冷战。

看来彬彬体内往生鱼的毒素还没有完全肃清，他并不适应长时间地停留在空气里。

我放掉了鱼缸内的大部分药水，将彬彬轻轻地放了进去。他的身体斜靠在一侧的缸壁，头部以下仍浸在药水里，他的鳃已经缝合了，这样他才不至于窒息。

座完这一切，我突然想起，楼上杜秋的房间里还有个胖律师，这么久他大概早就等急了。还有杜秋，他究竟跑到哪儿去了？

无论如何，我得上去看看。

刚走到门口，身后突然传来一阵细微的声响。我转过身，那声音戛然而止。

看看彬彬，那孩子仍斜靠在缸壁上安静地睡着——不是他。那是哪里来的声音？

我四下巡视，猛然，我的目光停留在角落里，心脏也开始急剧地跳动起来。

我看到的是那条几乎被我忘记的往生鱼。此时，它竟然在那个黑色的大水箱里支起了身体，蒙在箱体的白布早已滑落下去。它那拳头大小的头搭在鱼缸的上沿无力地垂着，一双黄色的怪异眼睛毫无焦点地圆睁着，仿佛在看着我，又仿佛什么都没看。

我一时呆了，不知所措，和它对视着。

几秒钟过后，它的头动了下，又一阵怪异的叫声从它的身体内发出，随之身体开始剧烈地扭动。看来，它想跳出这个囚禁它的鱼缸，直接扑向我这里。

我怪叫一声，头也不回地冲了出去。

7.死亡

别墅的大门紧闭着，客厅里空荡荡的，我在这偌大的房子里来来回回找了几圈，别说没看到杜秋的影子，就连那个胖律师也是不知所踪。

人怎么都没了？一股没来由的不安在我的心底蔓延。

突然，头上的地板传来轻微的响动。我竖起耳朵，听声音像是有人在上面走来走去。

我知道，那是杜秋的寝室。杜秋休息的时候向来不喜欢被外人打扰，所以，虽然我来过这里许多次，却从来没进过那个房间。难道，他在那儿?

我爬上楼梯，来到楼上，杜秋房间的门紧闭着。

听听，里面又没了声音。我敲敲门："杜秋，在吗？"

没人应声。

我试着推了一下门，门是虚掩的，应声而开。

可还没等我看清房间里的情形，头部就遭到了重重一击。我两眼一黑，失去了意识。

一阵咆哮和咒骂声使我悠然转醒，我微微睁开眼，后脑勺还是钻心的疼。我动了动，忽然发现手脚不听使唤，再一细看，原来我被绑在一张椅子上。

没错，还是那个房间，因为我看见杜秋就躺在我对面的床上，床头还有一个装满透明液体的杯子。我认得，那是杜秋用来对付往生素的药。

不过，杜秋好像已经死了。

他的脸对着我，右眼眶里插着一把匕首，黑红色的血液还在不断地从眼眶中溢出，滑过他满是伤口的脸，滴落在床单上。在我的一旁，还有一个人拎着一根沾着血

迹的棒球棍，正急躁地走来走去，嘴里不停地咒骂着。

正是那个胖子，那个律师。是他杀了杜秋，又打晕了我。

可他为什么要这么干？是为了杜秋老婆留下的遗产？

见我醒了，胖子立马来了精神。他的眼神里并没有意料中的凶狠，相反更多的是恐惧。他摇着我的身体，颤抖地问："求求你告诉我，地下室怎么才能进去？那个婊子一定把钱藏在地下室里了。"

我愈发糊涂了。

接下来，我从胖子语无伦次的讲述中，终于勉强听明白了整件事。

原来，胖子并不是什么律师，他编造律师的身份只是为了骗我带他来到这里。

他叫李维文，也就是杜秋老婆的那个情夫。当初李薇薇抛夫弃子跟了他，图的只是他的钱。过了没多久，趁胖子一次外出，李薇薇把他的钱财席卷一空，从此踪迹全无。胖子气急败坏，多方打探，终于找到了杜秋的住处。他原以为李薇薇一定会回到前夫身旁，便开始监视杜秋的行踪，可仍没发现李薇薇的行踪。胖子渐渐失去了耐心，几次登门造访被杜秋拒之门外后，又打起了我的主意。

"我其实不想杀他，我只想拿回我的钱。"胖子舔了一下嘴唇辩解着，他的脸因紧张恐惧扭曲得有些变形，看来杀人他也没什么经验。

"可这个怪物任凭我磨破嘴皮，就是不肯说出一个字，我没办法才掏出刀子吓唬他，可他却抓住我的手自己迎着刀尖往上戳……"

我愣了一会儿，继而明白了：杜秋已毒素攻心，他早就已经说不出来一句话，为了救儿子，他每天都忍受着常人难以想象的痛苦，维持着生命，时至今日，他不过是借胖子的手寻求解脱罢了。

"可还有件怪事，"胖子惊悸地看着杜秋的尸体说，"为什么他的身体会像铁板一样坚硬？他乱刺了十几刀都刺不进去，最后扎到了眼睛里……"

我没吭声，我见识过那种激素的厉害，心底涌起一阵莫名的悲哀，我们最伟大的生物学家居然求死都需费这么大的力气。真是无法想象，早前杜秋到底用什么方式锯断了自己的手指。

我晃了晃身体，示意胖子给我松绑，他却紧张地退了几步。

“我不能放你，你会告我杀人。除非你告诉我，地下室那道破门怎么才能进去……真是个怪物，居然还要什么指纹认证……”

胖子不安地瞟向了杜秋的右手——显然，他也发现了杜秋的手缺了一截手指。

“我可以保证不告你，我也可以帮你开地下室的门，但结果恐怕要让你失望。”我平静地说。

见我答应，胖子高兴了，他又舔舔嘴唇说：“管不了那么多了，找到了钱，我一定分你一份。”他大概是说累了，有点口干舌燥，兴奋地端起床边的水杯一饮而尽。

当我出声阻止时已经来不及了，只能眼睁睁地看着胖子喝光了那杯估计味道怪异的液体。接下来，他的表情瞬间发生了丰富的变化。先是瞪瞪眼睛又张张嘴，很快抱着双臂瘫了下去。不知道是冷还是因为痛，胖子缩成一团的身体竟不停地颤抖着，胸脯也开始急剧地起伏。

我惊讶地看着这一幕——胖子犹如一个巨大的皮球在泄气，没错就是在泄气，他庞大的身躯在急剧地缩小，到了最后，整个人宛如一具包裹在宽大的衣服下面的干尸，再也不动了。

你见过木乃伊吗？就算没见过真的，也一定从网上或电视里看到过木乃伊的样子。

胖子此时就变成了一具木乃伊，他喝光的是杜秋半年才能用完的药剂。那杯药效强大的液体在他的身体里发生了难以想象的化学反应，瞬间吸干了他全身所有的水分。他裸露在外的双手此时看起来更像是一截寒冬里的枯枝。

胖子死了，我恨恨地看着那具干尸。这个可怜的家伙居然没有来得及为我解开绑绳就挂掉了，看来我只能靠自己了，我惊悸地瞟了一眼杜秋眼眶内那把还在滴着血的匕首。

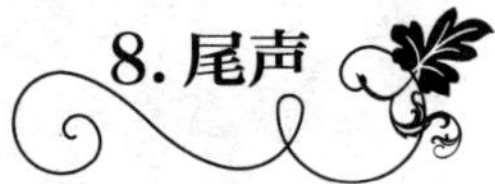

8. 尾声

我没有报警，因为我没有把握能说服警察相信我所说的一切，我也没有办法洗清自己的嫌疑。其实更重要的是为了那个可怜的孩子，在彬彬没有痊愈之前，我不想有人打扰他，更不想他被那些所谓的科学家拉去做试验品。

草草处理了杜秋和李维文的后事，我关了诊所，搬进了杜秋的家里，开始一心一意地照顾着小彬彬。在我的精心呵护和杜秋留下的药物控制下，彬彬恢复得很快，他可以越来越长时间地停留在空气里，甚至可以在我的搀扶下颤悠悠地迈开步子。他的五官也在慢慢地归位，可以说，除了不能说话，他现在看起来越来越像“人”了。

而那条往生鱼，我却不知道如何处置，只好任凭它待在那个巨人的水箱里。它也变得安安静静，不再发出任何一点声息，终日被那黑色的药水包围着。日子长了，我有时怀疑它是否已经死去了，但我终究没有胆量走上前看个仔细。

教彬彬发声是一件非常困难的事情，甚至比教刚出生的婴儿难上几百倍。他的声带在药物治疗后大有好转，但不知为什么，彬彬却拒绝配合我的治疗。无论我怎么诱导，他就是不肯发出半个字。

我有些沮丧，如果这样下去，这孩子也许这辈子都不会说话了。

一个下午，我采购了一些日用品回到家的时候，却没看到彬彬。

当我找遍整个房子不见其踪影后，便匆匆地跑向了实验室。自从彬彬能够离开水生存，我就很少去那里。

站在实验室门口，我一眼就看到了彬彬。他正站在角落里，面前是那个几乎被我遗忘的盛满黑色液体的巨大鱼缸。那条令人恐惧的往生鱼正从鱼缸里慢慢地探出头。

天哪，它要干什么?

我正要冲过去阻止，彬彬却伸出小手轻轻地拍打着缸壁，接着嘴唇微微翕动，随之竟喊出了一个无比清晰的字:

“妈!” 悬疑志

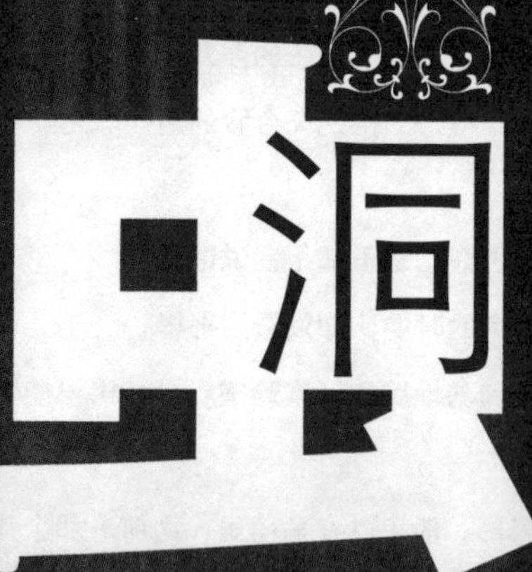

文\秒杀

图\花葬

五月十三日，繁华的商业街上。

一大群男女老少围着一个穿黑西装打白领带的男人看热闹。他是一个魔术师，没有人知道他的姓名，大家都只是在看热闹，仅此而已。

许媚挽着乌尔禾的手臂站在人群的最前面，饶有兴趣地看着魔术师耍的那些小把戏。尽管乌尔禾并不想看这个哗众取宠的小丑表演，可今天是许媚的生日，他不想扫她的兴。

“这位漂亮小姐，你愿意配合我体验接下来的神秘之旅吗？”魔术师伸出戴白手套的右手，礼貌而又绅士地侧头望向她，他的笑容很迷人。许媚犹豫了一下，还是勇敢地走了过去。

魔术师右手一挥，手里多了一大块红色丝绸，他举起红绸遮在自己和许媚的前面。一眨眼的工夫，两个人都不见了，他们像空气一样消失在人们的视线中。人群中响起热烈的掌声，他们从来没有见过这么好看的魔术，连乌尔禾都感到有些不可思议。

一分钟、两分钟、三分钟……时间一点一滴地溜走，原本期待魔术师会即刻归来的人们失去了等待的耐心，纷纷结伴离去。乌尔禾不安地站在原地，心里祈祷着许媚不会出事。

一个小时过去了，魔术师和许媚仍然没有回来。乌尔禾试图用电话联系许媚，她的电话一直无法接通。他打电话报警，警察却对此不以为然，他们认为这可能是许媚和魔术师联合起来搞的一出恶作剧。乌尔禾不安地站在原地，焦躁地盯着许媚消失的地方，那里不知道什么时候多了一把铜制钥匙。阳光照在钥匙上，散发出清冷诡秘的光芒。乌尔禾拾起钥匙，彻骨的寒意在皮肤表面蔓延开来，他从来没有见过这把钥匙，这会是许媚留下来的吗?

三天后。

许媚一直没有消息，乌尔禾根据自己的记忆画出了魔术师的画像拿到警局报警。警察局的系统里根本没有魔术师这个人，他似乎从来没有真正存在过。乌尔禾一直希望这一切只是一场梦，可许媚真真切切地失踪了，她和那个魔术师一起消失了。

失去许媚的日子，乌尔禾的人生糟透了。他整日酗酒，赌博，甚至自杀。

午夜，乌尔禾吞下一整瓶安眠药，安静地躺在床上，目光呆滞地望向天花板，脑子里回忆着和许媚在一起的点点滴滴。毫无征兆的，床头的收音机突然发出刺耳的噪声，乌尔禾下意识地捂住耳朵。噪声越来越大，所有的玻璃制品在一刹那爆裂，碎片四溅。乌尔禾的耳膜就要被那噪声划破时，收音机突然安静下来，里面响起一段爵士音乐，一个中年男人的声音缓缓响起——

“夜色阑珊，你可曾想起曾经的爱人？亲爱的，今天是个幸运的日子，我可以满足你一个小心愿。千万不要急着讲出来，我给你五分钟思考。下面，让我们听一首老歌来怀旧。”

乌尔禾不知道收音机为什么会自己打开，他更不相信那个见鬼的主持人说的话，现在的他正在等待死神的来临。如果上帝真的肯满足他一个心愿，他一定要回到许媚消失的那天，他要阻止那一切。

正想着，歌曲戛然而止。乌尔禾眼前的一切突然开始扭曲，一个巨大的黑色旋涡将他卷了进去。安眠药开始发挥作用，他要好好地睡一觉了。

乌尔禾是被一阵急促的手机铃声吵醒的，他摸索着拿起手机，按下接听键。

“救命啊！”乌尔禾猛地从床上坐了起来，电话那头竟然是许媚的声音。他怔怔地看着挂着门上的日历，他竟然又回到了五月十三号那天。他用力地掐了掐自己的胳膊，疼得龇牙咧嘴。没错，他不是在做梦。

“救命啊。”许媚又喊了一声。

乌尔禾知道许媚接下来要说的话，他抢在她的前面说了出来：“门锁坏了。”

“天哪，你怎么知道我这里发生了什么？你是不是就在外面？”许媚的语气里充满了惊讶，乌尔禾不顾一切地从床上跳了起来，抓起衣服冲出门外，打车直奔许媚的公寓。一切都回到了过去，他再也不会让许媚离开他。

当乌尔禾气喘吁吁地出现在许媚家门口时，许媚刚好开门倒垃圾。他激动地跑了过去，紧紧地抱住了她。

“你怎么了？我刚才只是和你开个玩笑。”许媚有些慌张，刚才的事只不过是个恶作剧，可乌尔禾脸上那失而复得的表情却有那么点匪夷所思。

“答应我，再也不要离开我。”乌尔禾喃喃自语道。

许媚木讷地点点头。

两个人回到公寓内，乌尔禾迅速锁好房门，关好窗子，拉上窗帘，一脸警惕地打量着客厅内的一切。

“你到底怎么了？发生什么事了？”许媚不解地问。

“你是不是有一把铜钥匙？它在哪儿？”乌尔禾反问道。

“什么铜钥匙？”许媚无法理解乌尔禾的异常表现，她下意识地向后退了几步，故意和他保持一定的距离。

“哦，这么说，现在你还没得到那把钥匙。嗯，只要不出门就可以了。”乌尔禾

像是在自言自语，又像是在告诫许媚。

“你这样让我很担心，我觉得你现在需要冷静下。”许媚的声音有些颤抖，她后背紧贴着房门，好像随时都要破门而出。

乌尔禾快步靠近许媚：“你听我说，我们刚刚经历过一件不可思议的事，我不能再失去你。求你相信我，今天不要出门。”

这时，门铃响了。

许媚刚要打开房门，却被乌尔禾一把拦住。他神色严峻地摇摇头，凑身趴到在猫眼上向外看，门口站着一位陌生的老妇人。

还好，不是那个魔术师。乌尔禾的心稍稍安定下来，他打开房门，探出半个身子：“什么事？”

老妇人诡异地笑了起来，嘴巴像一个不大不小的黑洞，完全看不到牙齿。她没有说话，只是伸出一只皱巴巴的手，递给乌尔禾一把铜制钥匙。

乌尔禾“啪”地关上房门，许媚皱着眉看着他，一副“发生什么了”的表情。

“钥匙来了。”

虽然乌尔禾不知道之前许媚的失踪是否和这把钥匙有关，他甚至都不清楚这把钥匙到底是不是遗落在许媚失踪现场的那把，他只是觉得，这把钥匙会给他们带来不幸，他不能让它靠近他们。

门铃一个劲儿地响着，门外的老妇人似乎不达目的绝不罢休。许媚有些不耐烦了，她一把推开乌尔禾，再次打开房门：“庄奶奶，什么事？”

“你的命运钥匙。”老妇人再次笑着把钥匙递了过来。一旁的乌尔禾出其不意地夺过钥匙，转身跑到客厅的窗子前，拉开窗子用力地扔了出去。

许媚目睹了乌尔禾的怪异行为，她惊讶得说不出话来。

“你对庄奶奶不礼貌的行为让我很难堪！她只是一个不幸患上老年痴呆症的老人，我无法容忍你对她的那种态度。”许媚生气地说道，“你走。”

乌尔禾坚持不肯离开，他没有解释自己的行为，即便他能解释清楚，许媚也不会相信他，甚至连他本人都觉得自己可能发疯了。他现在唯一要做的就是保护许媚，不让她离开房间半步。

午夜十二点过后，乌尔禾悬着的心终于安定下来，他把事情的经过从头到尾讲了一遍，没有放过任何细节。对此，许媚半信半疑，不过好歹不再生气。两个人简单地吃了点东西，一整天精神高度紧张的乌尔禾喝了一杯牛奶后，倚在沙发上沉沉睡去，他实在太累了。窗外电闪雷鸣，他全然不在意。

第二天。

乌尔禾是被关门声惊醒的，茶几上的咖啡还冒着热气，许媚似乎刚刚出去。他揉了揉太阳穴，头疼得厉害。茶几上放着一张便笺纸，纸上写着：亲爱的，我陪庄奶奶去虫洞，晚上回来咱们一起吃饭。2011.05.13

乌尔禾不敢相信自己的眼睛，这到底是怎么回事？今天竟然还是五月十三日，也就是说，许媚还是会消失？他拿起手机按下那个熟悉的号码，电话那头冰冷的女声提示：您所拨打的号码暂时无法接通，请稍后再拨。

虫洞是一个新开放的旅游景点，在游乐园密林深处，那里的一切都违背自然规律，所有物品都处在一个不可思议的位置上：桌子放置在天花板上，地面是倾斜的，完全模仿扭曲空间而建。许媚曾经多次提出要去那里玩玩看，乌尔禾一直以没有时间拒绝。在他的潜意识里，那是一个令人恐惧的地方。至于为何会有这种恐惧感，他也

不是很清楚。

乌尔禾一遍又一遍地拨着许媚的电话，始终无人接听。他徘徊在“虫洞”的门口，犹豫着该不该进去找她。突然，一个熟悉的身影闯入他的视线，是昨天的那个老太太，许媚口中的庄奶奶。

“许媚呢？”乌尔禾拉住庄奶奶的手臂，眼睛死死地盯着她满是皱纹的脸。

庄奶奶面无表情地指着虫洞的入口：“她在里面，这是进去的钥匙。”

又是那把古怪的铜钥匙，乌尔禾的脊背一阵阵冒凉气。他鼓起勇气接过钥匙，目不转睛地盯着钥匙表面的花纹。再次抬起头的时候，庄奶奶已经消失不见。乌尔禾迈着沉重的脚步，缓缓走进虫洞，狭长的旋转走廊给人以强大的压抑感，脚下的一切都变得虚幻缥缈。大约走了五分钟，前面出现两扇拱形门，左侧的门上写着“通向未来”，右侧的门上写着“回到过去”。乌尔禾想了想，把钥匙插进左侧的门孔，他不想回到过去没有许媚的日子。或许，许媚就在未来的那扇门里等他出现。

“新郎，快点过来，婚礼马上就要开始了。”一个穿着伴娘礼服的陌生女人一脸焦急地说。

这是一座不大不小的结婚礼堂，到处是鲜花和亲友。许媚站在几步外，一脸笑容地望着他。墙上的日期很醒目：2012.05.13。

经历过那么多匪夷所思的事情之后，乌尔禾对自己身处未来并不感到惊讶。他的心底竟然涌起莫名其妙的幸福感，他终于和许媚一起走进结婚礼堂，这才是他想要的人生。

“新娘，你愿意嫁给新郎为妻吗？”牧师问。

许媚轻声回答道：“我愿意。”

牧师又问了乌尔禾同样的问题，他还没有来得及回答，耳边传来一声枪响，许媚应声倒地，鲜血染红了白色的婚纱。乌尔禾愣愣地看着开枪的人，竟然是那个魔术师。

乌尔禾声嘶力竭地吼道：“不，不要，不要带走她。”

眼前的一切再次变得扭曲，乌尔禾痛不欲生地看着许媚的尸体，缓缓闭上双眼。

“先生，你怎么了？”

乌尔禾再次睁开双眼时，手里紧紧握着那把铜钥匙，身边没有一个人，房间里空落落的，死一般的寂静。乌尔禾似乎懂了，他从地上站了起来，走出“未来世界”。

离开虫洞，乌尔禾失魂落魄地走在游乐园的甬道上，心事重重。

“这位漂亮小姐，你愿意配合我体验接下来的神秘之旅吗？”

耳边传来一个男人充满磁性的声音，是他。

乌尔禾循声望去，不远处的许媚面带惊喜的神色走向魔术师。魔术师笑着撑起红绸，一眨眼的工夫，两个人同时消失，围观的人不由自主地发出惊叹声。庄奶奶似笑非笑地站在人群里，她挥动着枯枝般的手：“回去吧。”

“为什么？为什么会这样？”乌尔禾掩饰不住内心的悲伤，泪水顺着眼角流了下来。

“许媚只存在于五月十三日这天，你的过去、你的未来都不会有她。这就是你的命运，何必强求呢？”庄奶奶脸上的皱纹纵横交错，没有人能看出她的实际年龄，她实在太老了。

“不可能，我们相知相爱的过程永远存在那里，那是我们美好的过去。”乌尔禾辩驳道，“我只是不明白，我们的人生怎么会突然变成这样。”

“你看到虫洞里的那些物品了吗？那些桌子、椅子、杯子，等等，它们只属于那里。没有过去，也没有未来。”庄奶奶一字一顿地说，“孩子，回去吧。”

“我不明白你在说什么，我一定要找到这些异常现象的源头。即便我不能和许媚在一起，我也一定要弄明白到底发生了什么。”

乌尔禾转身向另一个方向走去，他不知道自己接下来要做些什么，他甚至不知道自己是否该继续寻找许媚。一切都脱离了原来的轨迹，生活越发变得没有任何意义。他随手把那把铜钥匙扔进垃圾箱，它已经没用了。

天地突然旋转起来，乌尔禾仿佛置身一个巨大的螺旋隧道中，惊慌、恐惧占满了他的内心。这一刻，往事历历在目，他不由得发出一声惊叹，竟然是这样！

床头收音机里传来一个中年男人的声音：“真的很可惜，你的人生又一次被错过了。”

乌尔禾醒了，床头放着他刚刚吞下的安眠药空瓶子，一切像做了一场梦，尽管梦里的一切都那么真实可信，可那终究是梦。醒来之前看到的那一切都是真的吗？他要去寻找真相。

乌尔禾捧起收音机，这是父母出国前留给他的，在无数个正常的日子里，它都担负着闹钟的责任。现在，它就像一个催眠师，总是在关键时刻把他叫醒。乌尔禾拨通了父母的电话，想要问问关于收音机的事。电话响了很久，一直无人接听。

“你想知道真相吗？”收音机毫无征兆地“开口说话”，乌尔禾本能地把它从手里丢出去。

“轻点，你会摔疼我的。”收音机的语气里带着强烈的不满。

一时间，各种匪夷所思的思想占据了乌尔禾的大脑，收音机究竟是什么？外星人制造的机器人瓦力的兄弟？古老传说中的妖怪？会说话的收音机彻底颠覆了乌尔禾的认知，他觉得自己真的疯了。

“你没疯，老实说，如果我身边突然多了一台会说话的收音机，我也会吓得半死，然后认为自己疯了。”收音机似乎能读懂乌尔禾的心事，它的话一语中的。

乌尔禾陷入沉默，他无话可说。

“好吧，让我来描述一下现在的情况。事实是这样的，你和女友许媚本打算在下个月结婚，你们去珠宝店购买结婚戒指，然后很倒霉地碰到了抢匪，抢匪的枪支又很倒霉地走了火，你的爱人许媚在这个倒霉的情况下倒霉地死去。你发了疯似的冲向匪徒，被一枪击中要害陷入昏迷。昏迷中的你一直不愿意面对许媚死去的事实，你的父母——那两位资深的心理学教授不得不对昏迷中的你进行催眠，试图让你明白，失去许媚是无法改变的事实。”收音机说道，“这听起来很像好莱坞大片，但我可以肯定地告诉你，你就是经历了这样戏剧化的事件。”

“你到底是什么东西？”乌尔禾现在最关心的是收音机的“身份”。

“哦，亲爱的，我根本不是东西。”收音机得意地说，“我就是你潜意识中的另一个你，你可以把我理解成是你人格分裂后的产物。我可以是电话、冰箱、洗衣机等各种家用电器，只不过，会说话的收音机可能更容易接受些。”

乌尔禾哭笑不得，完全不知所措。如果收音机说的是事实，那自己在巨大的螺旋隧道中看到的情景又是怎么回事?

卧室门突然开了，庄奶奶出现在乌尔禾的面前。她夺过他手里的收音机，用力地摔向地面，收音机被摔得粉身碎骨。

“你到底是谁？”乌尔禾有些歇斯底里，他宁愿承认自己已经疯了，也不愿面对这样的状况。

“回去吧。”庄奶奶面无表情地说，“回到最初的人生，那里没有许媚，没有悲伤，没有这可怕的一切。只要你愿意，那将是你崭新的完美人生。”

“如果我不愿意呢？”乌尔禾的表情难以捉摸，说不上是迷惑还是绝望。

“孩子，你希望自己永远在五月十三日这一天轮回吗？”庄奶奶的脸忽然近了许多，她的眼睛夸张得睁老大，好像一个深邃的看不到底的黑洞，那里布满了无尽的迷雾。

“我为什么要相信你的话？”乌尔禾觉得自己的头有些晕，他扶着墙壁勉强支撑住身体。

“你会相信的。”

七点整。

收音机里的女声机械地报时，紧接着响起令人不爽的电子音乐。乌尔禾迅速睁开双眼，下意识展开手掌，那把被他扔掉的铜钥匙正阴森森地瞪着他。

新的一天，又是五月十三日。庄奶奶的话应验了，她到底是谁？God？Angle？

五月十三日，繁华的商业街上。

一大群男女老少围着一个穿黑西装打白领带的男人看热闹。他是一个魔术师，没有人知道他的姓名，大家都只是在看热闹。乌尔禾穿过人群来到魔术师的身边："我想回到过去。"

"抱歉，我只是一个魔术师，不是上帝。"魔术师咧开嘴角夸张地笑了起来，乌尔禾第一次看清楚他的模样，似曾相识。

"是你带走了许媚。现在，我想去她去过的地方。"乌尔禾盯着魔术师的眼睛，"你没有机会说不。"

"许媚？我不认识她，你一定是认错人了。"魔术师不再理会乌尔禾，而是专心致志地摆弄起他身后的道具。

"求你了。"

乌尔禾几近绝望的语气让周围的人欷歔不已，魔术师转过身，无奈地耸耸肩膀。

"你会后悔的。"

魔术师说完从袖口抽出一张红绸，乌尔禾慢慢闭上了双眼。周围突然变得异常安静，他甚至能听到自己的呼吸声，那种天旋地转的感觉再次袭来。一秒钟后，他明显感觉到自己来到另外一个地方，这里到处都是撕心裂肺的哭声。

乌尔禾睁开双眼，这是一家殡仪馆。两具棺材并排摆放在大厅中央，其中一具棺材上挂着他的遗像，另一具棺材上挂着许媚的遗像。

乌尔禾看到自己的父母哭得死去活来，他走过去想要安慰他们，却发现自己根本

无法触及他们，他像空气一样存在。从周围亲友的聊天内容来看，许媚死于枪击，乌尔禾无法承受失去许媚的痛苦，随后自杀。

乌尔禾的脑海里再次浮现出自己在巨大的螺旋隧道中看到的情景：父母参加完自己的葬礼后，在一个狭长的隧道中迷失，他们不断地回到葬礼这一天，日复一日地承受着失去爱子的痛苦。

“亲爱的。”痛苦的乌尔禾以为自己产生了幻觉，他竟然听到了许媚的声音。这种怀疑在下一秒被粉碎，他清楚地看到许媚站在他的面前。

“我是来和你道别的。”许媚的声音一如既往的温柔，她微笑着凝视看乌尔禾愁眉不展的脸。

“我们一定要分开吗？”乌尔禾泪流满面，他再也无法抑制内心的悲伤。

“忘记我，远离悲伤，回到最初的原点，这是我对你唯一的要求。希望我的离去不会带给你任何伤害。亲爱的，我爱你。”许媚深情拥抱乌尔禾后，便消失得无影无踪。

空气中到处回荡着悲恸的哭声，乌尔禾突然觉得，一切都该结束了。

……

“我的孩子，你终于醒了。”

“我怎么了？”乌尔禾愣愣地望着周围的人，父亲、母亲，还有一个陌生的漂亮女孩。

“你在隧道里出了车祸，受伤后一直昏迷不醒。感谢上帝，死神终于把你放了回来。”母亲泣不成声，父亲不时地擦着眼泪。

“她是谁？”乌尔禾指着哭肿了双眼的陌生女孩问。

“她是你的女朋友啊。”母亲的脸上流露出不可思议的表情。

“哦，我只是开个小玩笑。”乌尔禾勉强挤出一丝微笑，“我可以再睡一会儿吗？”

病房里安静下来，乌尔禾手里紧紧地握着那把从“五月十三日”那天带回来的铜钥匙，他不觉得那一切都是一场梦，他觉得许媚一定存在过。

病房外，乌尔禾的父母相视而笑。

“我们终于成功了，他已经彻底忘记许媚了。”母亲说，“许媚最后的心愿终于完成了。”

“谢谢你们的帮助，姐姐她在天国一定会幸福的。”女孩说罢，再次哭了起来。

“孩子，这是我们能力范围内的事，催眠是我们的职业。”母亲安抚道，“一切都会好起来的。”

游乐园密林深处，一大堆游客等着排队进入“神秘虫洞”去体验未知的一切。从医院偷偷跑出来的乌尔禾排在队伍的最前面，目光空洞地望向远方。他不知道自己的脑子里为什么会有那些无法理解的记忆碎片，“许媚”这个名字总是在他的脑海里挥之不去。虫洞、诡异的老太太、神秘的魔术师，一切的一切都像梦魇一样缠绕着他。

乌尔禾迈着沉重的脚步，缓缓走进虫洞，狭长的旋转走廊给人强大的压抑感，脚下的一切都变得虚幻缥缈。大约走了五分钟，前面出现两扇拱形门，左侧的门上写着“通向未来”，右侧的门上写着“回到过去”。乌尔禾想了想，把钥匙插进右侧的门孔，眼前的一切再次旋转起来……

一周后，报纸上刊登了关于乌尔禾的巨幅寻人启事，照片上的他笑容满面。

……

Especial Criminal
Investigative Service
ECIS
异现场调查科
文／君天　图／玉烟先生
凡·高的旋律

默然发呆的时间越来越多，随便评价他人的次数越来越多，看不顺眼的电视节目越来越多，写书和出唱片的人越来越多。值得多一点关注的越来越少。

是不是？

愿意相信的事情越来越少，能够去努力的工作越来越少，喜欢听的歌越来越少，会重复看几遍的电影越来越少。能证明自己活着的事情越来越少。

是不是？

你走在街头，看到路边同样无聊的人，会作何感想？坐在车厢里，看到身边有人看着你感兴趣的电影或者书籍，你会不会去攀谈？科技越进步，人们越冷漠，心的距离也随之越远。是不是？

艺术、文学、音乐、历史等，生命长河中的点点晶莹，我们正在慢慢失去。每天匆忙地奔波在大爆炸般的生活里，却总是觉得不是为自己而活。

即便是异现场调查科的世界，诸葛羽也曾面对这样的彷徨，那是在1996年，他二十五岁，离开奥隆戈监狱八个月。

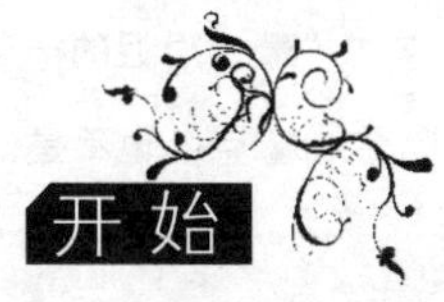

开始

凌晨一点，埃辛·克伦达尔值夜班回家，意地外发现住宅区居然灯火通明。他家所在公寓的楼下聚集着很多人，埃辛用力挤进去，看到地上躺着一具男性尸体，显然是从高处落下的，尸体周围的血都没凝固。埃辛分开众人，亮出警察证件，小心地靠近尸体，翻起死者的脸。这是一张年轻的脸，居然是他的邻居索林·松旺。埃辛吃惊地打量着周围围观的人群，显然有邻居早于他认出了死者。他抬头看了看公寓的屋

顶。这个可怜孩子是从六楼屋顶跳下来的?

埃辛再次扫视尸体，这张摔得四分五裂的脸居然带着诡异的笑意，他心里生出莫名的恐惧，拨通了警局电话。在埃辛的公文包里有一份文件，文件里有最近发生在管区内的二十八起看似没有关联，放在一起又无比雷同的自杀事件，死者多数都是高空坠落。除了跳楼的人比其他时候多了些，在一个月内发生多起自杀案并不显眼。但归结到事件本身，这些死者并没有自杀的理由，就很奇怪了。更让坊间流言四起的是，这些从高处落下的死者脸上都带着莫名的笑意。

作为对邻居的了解，索林·松旺这个二十多岁的青年即将大学毕业，有很漂亮的女朋友，刚被不错的企业录用，这样的人怎么可能自杀?

二十分钟后，警察和法医来到现场。埃辛帮忙拉起了警戒线，尽管这里是他居住的小区，但并不是他的管区。他和来到现场的警察同事阿尔·霍克商量了一下，由对方负责现场，他则前往死者的住处调查。

索林·松旺就住在埃辛的同楼层的三号，他的房间不像多数大学生的那么乱，甚至可以说有点干净得离谱。这是个很自律的青年，勤于打扫，没有不良嗜好。当然，他也有些男性青年都有的色情影碟。除此以外，房间堪称模范。埃辛搜寻了一圈，没有任何收获。

“这样的人会自杀？”有人在背后问。

埃辛·克伦达尔转过身道：“最近附近的一些自杀事件都没有征兆。”他说完才愣了下，背后说话的并不是阿尔·霍克，也不是他认识的什么警察，而是个头发梳理整齐、西装革履的东方人。

“你是？”埃辛问道。

“铁南。”男人伸出手道，“巴黎警局特别顾问。我知道你这里遇到了一些麻烦。”

“麻烦？”埃辛手里的公文包紧了紧，犹豫了一下，跟对方握了手。

“是的。”铁南微笑着注视对方，仿佛一切了然于心的样子，慢条斯理道，“我是来帮你的，你的管区内最近自杀率比较高，事实上不仅仅是你的管区。一个月前，巴黎电视台连续报道了三起跳楼自杀事件。之后仿佛流感一样，一夜间人人都爱自杀，政府封锁了相关消息。近一个月来，巴黎市发生的自杀事件高达二百三十五起。”

埃辛道：“我不知道有那么高的数量。只是最近我管区内的确有问题，但你怎么会知道我在作这个调查？我甚至还没跟上司说这事。”

铁南道：“因为你使用了警局电脑，而你查询数据库的访问记录让我找到你了。很高兴你也能关注到这个问题。在我汇报给市长之后，市长特别委托我调查这个事件，并且要求所有资源全力配合我。”他一面说着，一面打量着周围道，“我最喜欢新鲜的案发现场，我们就从这里开始吧！”

埃辛看着这个神秘的东方人，直犯嘀咕，市长什么时候给警察局请了东方顾问？

铁南显然不在乎对方的态度，扫视着四周吩咐道：“把电脑和日记本带走，其他所有东西作个清单记录。不论我们要对付的是什么，总有迹可循。”

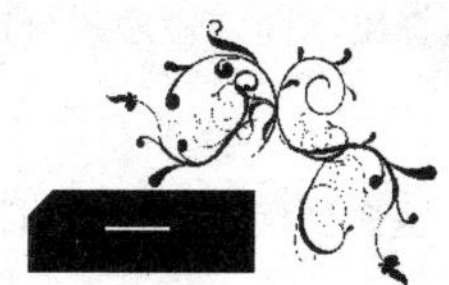

人们常说，如果城市里有河流穿过，那么这个城市一定会很美丽，世界上绝大多数的名城莫不如此。就好像一说到伦敦就会想到泰晤士河，一说到巴黎，自然会提起塞纳河。塞纳河平静的水面上有三十六座形态各异的桥梁，繁华的城市在河道两岸蓬勃而起，见证着法国乃至欧洲的兴衰。

黄昏的塞纳河如同风姿倬约的美女，在郁郁葱葱的法国梧桐点缀下，拥有世上最美的夕阳。所谓世间万种风情，一切尽在巴黎。未曾到过的人，实在难以描述其万一。现在的人们很难体会到这座城市也曾无数次地经过浩劫，从拿破仑战败后，法国军队少有胜绩。

河上最古老的桥叫做“新桥”，建于亨利三世的时代，距今有近四百年的历史，一度是巴黎的艺术中心。而在新桥不远有一座艺术桥，那座桥北面就是卢浮宫。桥上挂满了游客带来的，写着情侣名字的定情挂钟。桥栏杆边，几位艺术家正即兴作画，记录着浪漫之都的各种美好。偶尔也会有艺人演奏着自编的曲子，桥上的艺人们开始

都是各自演奏，但当他们有人需要演奏拿手曲目的时候，其他人都会停下来，或者过来合奏。

诸葛羽长发蓬在头上，满脸胡楂，斜靠在长椅上，懒散地打着哈欠，又是一个无所事事的下午。他裹着灰色的风衣，颇似一个流浪汉。有很多人说，如果可以不再上班，就可以去做自己喜欢的事情。当你真的可以自由支配时间，却又找不到生活目标时，又该怎么办?

这就是诸葛羽目前的状态，距离他离开奥隆戈监狱整整十个月，没有命令，没有任命，彻彻底底的自由。他带着迷茫继续自己在欧洲的日子。有时他也觉得该回中国去，但潜意识里又觉得，在欧洲还有很多事情没完结。

远处艺术桥传来有人落水的叫喊声，诸葛羽睁眼看了下，河边有数名青年竟相跳入河里救人。很快落水者被托出水面，短短几分钟里居然已经死亡。诸葛羽紧了紧风衣，瞟了眼死者的面容。

不多时，就有警察和法医来到河边，在周围拉起了警戒线。然后就看到几个警察开始在周围问话，只是一些例行公事的问题。但他有些不安地又看了眼死者，那个样子不像是溺水。诸葛羽不想管闲事，无声无息地离开河岸，没走两步，看到前方的小路上，有一个东方男子和一个法国便衣警察。

诸葛羽愣了一下，而对方也敏感地发现了他的目光。铁南旋即脸上绽开笑容，眼睛一下子红了，大步跑向诸葛羽。诸葛羽却把脸沉了下，对着铁南就是一拳。铁南毫无防备，仰面朝天摔倒，他即便倒在地上，也是一副欢天喜地的样子，挣扎着爬起来，抓住诸葛羽的胳臂，嘴巴张开半天，但又说不出话。

边上的埃辛·克伦达尔愣在那里，他一开始觉得诸葛羽是个罪犯，但看铁南的表情怎么都不像，于是知趣地走开。

诸葛羽很想给铁南第二拳，但他终于还是道："你比我想象的过得好，菜鸟！"

是啊，铁南衣着考究，脸上神采奕奕，衬衫和手表都是时尚产品。更重要的是，他全身上下都有一种自信的感觉。铁南听到他这句话，表情逐渐恢复正常，低声道："我的确变了很多。"

诸葛羽道："看得出来。"铁南从一加入E科办案组，就在诸葛羽手下干活，或者说，他是诸葛羽仅有的一个下属，两人拥有一种奇特的羁绊。几年前的大战之后，诸葛羽被关入奥隆戈监狱，他们就再没见过。

"巴黎发生了一系列自杀事件，我被总部派来作调查。"铁南看了眼四周，招呼埃辛过来，飞快道，"总部在逐渐恢复和各个国家的合作，如果这次的案子可以办好，我们就能重开法国分部。我现在的官方身份是巴黎警察厅的特别顾问。这个案子你怎么看？作为自杀事件，是不是有点奇怪？"

诸葛羽道："没有夺眼球的地方。"

"问题就在这里。我已经跟进了好几天，还是没头绪。老大，你能不能帮我一起办这个案子？"铁南问道。

诸葛羽没有说话，但也没有离开。

铁南笑起来，对等在一边的埃辛·克伦达尔道："给你介绍一下，这是我的师傅、老大，诸葛羽先生。老大，这是附近管区的警探埃辛·克伦达尔。"

埃辛吃惊地看着诸葛羽，显然震惊于这个名字。

"你也知道诸葛羽？"铁南挠头。

"当然，要知道，我姓克伦达尔。虽然我是家族外围的子弟，但我拥有这个姓氏。我们都知道，当代家主三年前在伦敦被一个叫诸葛羽的中国人救了。我们家族没有人会不知道这个名字。等等！这么说起来，你们两个都是异现场调查科的人？"埃辛一口气说出这番话。

诸葛羽目光望向远方，没有任何激动，对方说的事情好像是别人做的。

"没错，但我也的确是你们市长聘请的特别顾问。"铁南低声道。说话间，他们到了尸体边。铁南戴上手套，仔细检查了尸体，又询问了几个目击者，才扭头吩咐道，"克伦达尔，你留在这里等法医来了作简报。我和诸葛到桥上看看。"

埃辛点头答应，而诸葛羽始终一言不发。一直走到桥头，铁南终于忍不住道："老大，你现在算是在观察现场，还是在偷偷地分析我？告诉我，你是在分析现场！"

"我只是觉得这个案子有点熟悉，所以我在回忆从前的事。至于你，有的是机会

分析你。”诸葛羽目光落在刚才那个死者落水的桥栏杆上，周围的行人和商贩已经恢复常态，如果没有人说，真没人会知道这里刚才有人跳河。

铁南微微松口气，从前诸葛羽虽然不算话痨，但说话并不少，刚才重逢后到现在，诸葛羽似乎变了不少。铁南询问起周围的目击者，显然刚才有警察作过初步调查。路人的说法基本一致，这个青年就是很简单地，目光呆滞地走到栏杆边，大约四五分钟后就跳了下去，之前毫无征兆。但有一个拉小提琴的艺人跟他们说，这个青年经常在这座桥上经过，常会给他们卖艺的一些钱，平时生活应该是挺悠闲的。

铁南迅速作好记录，转过身发现诸葛羽靠着栏杆，又在发呆。铁南摸了摸鼻子，走到诸葛羽身旁，低声道：“老大，你有没有收获到什么？”

“没有。这里的人看起来一切正常。”诸葛羽停顿了一下，指着远处一个买玩具的，“但那个人一直都很不安。你可以去问一下他。”

铁南走过去，询问了一圈，又返回道：“他之所以不安，只是因为他老婆在医院待产，而他又不能不赚钱，所以一面看摊子，一面很焦虑。”

诸葛羽看了他一眼，走过去居然把对方最值钱的几个玩具都买了下来，然后催促对方收摊。他走回来对铁南道：“这个家伙叫休达·霍利尔，仍然有问题，你最好派人跟踪他一下。”

铁南打了个电话，让人把卖玩具的带走了。

“你不能调查都不作，盲目相信我。”诸葛羽道。

“我相信你。”铁南笑道，他又询问了一下埃辛，然后道，“这里事情处理得差不多了，我们走走吧。我知道附近有家馆子不错。”

“最好是穿成这样也能进的馆子。”诸葛羽终于笑了笑。

铁南带诸葛羽去的小馆子在一条停在岸边的小船上，透过窗户望向外面，波光粼粼，很安静。如果他的电话不是那么频繁地响起，真的是一个吃饭谈心的好地方。

诸葛羽话很少，只是默默吃饭喝酒，回答铁南的话也只是几个词。随着瓶子里的威士忌逐渐减少，诸葛羽的眼神亦慢慢温暖起来。两个人都没有问对方这几年过得怎么样，也没有询问其他人，直到铁南又接了一个电话。

“老大，那个休达·霍利尔是附近的一个小偷组织的头目，没有涉及我们的案子。他是这个桥头小偷的组织者，因为他的摊位是个据点，才在警察眼皮底下显得不安。”

“是吗？至少是个罪犯。”诸葛羽道。

“可是……你的心灵倾听怎么会没看出这些来？”铁南皱眉问道。

“我记得你是个计算机天才，走到哪里都带着你的本子。现在也没见你用。为什么？”诸葛羽反问道。

“有人专门负责为我做这个。我的工作重心已经不在技术上。”铁南脸上露出难以置信的表情，“等等，老大……你到底怎么样了？你从来不问这种问题。因为你不用问就可以知道……你……”

诸葛羽眼望窗外，低声道：“一年前，奥隆戈监狱有一场暴动，死了很多人。暴动后，我的心灵倾听能力消失了。现在的我，拳头还够硬，但心灵倾听能力没有了。所以，不要盲目相信我的判断。就像之前在桥上，我只是通过经验来分析判断那些人有没有问题。”

铁南难以掩饰自己的失望，随即他又痛苦地看着诸葛羽，沉默半天，忽然哭起来道：“对不起……对不起……对不起……老大，对不起……我找不到你！我找不到你！我不能去奥隆戈，我甚至曾经故意犯罪，让他们抓我去奥隆戈，但都没成功。我只能继续帮ECIS处理日常工作。你在奥隆戈的时候，我还能通过浏览监狱日志知道你的存在；你出狱后，我就连黑了ECIS的数据库都找不到你的消息。虽然我知道你在法国……但我找不到，对不起……老大，我本该一直跟着你。”

诸葛羽深吸口气，拍了拍铁南的脑袋：“这又不怪你。关你什么事？菜鸟。当时我去奥隆戈之前，就让丹尼转告你，叫你不要犯傻。这个和你没关系。不说这些旧事了。你到巴黎办案不会是巧合吧？我可不相信命运的相遇。”

铁南点头道：“丹尼·肖恩派我来法国，我一开始不愿意。他告诉你在巴黎，我才来的。但我的确不知道你在哪里。”

“ECIS不会让你单独出来办案，至少会给你一个搭档。你的搭档在哪里？”诸

葛羽问。

“我有一个备用小组，主要负责后勤工作。”铁南摊开手道，“事实上，这个案子真的是个烂摊子，是我这两年遇到的最没头绪的案子。”

诸葛羽沉默了一会儿，说道：“我状态不好，若是别人的案子我也没兴趣管。如果你需要帮助，我可以和你一起办这个案子。”

“当然需要！”铁南举起酒杯道，“今天真是个好日子，我要记住这天！”

两人把威士忌一饮而尽。铁南又接到电话，埃辛报告在卢浮宫附近有案子发生。他们同时站起走出餐馆，铁南伸手接了接雨水，想起来自己跟着诸葛羽的第一个案子就是这样的天气，忽然信心百倍。

不管你相信与否，卢浮宫是欧洲最伟大的藏馆，没有之一。理由很简单，尽管大英博物馆也很伟大，但卢浮宫和法国乃至欧洲的兴衰史结合得更加紧密。据说二战时期，纳粹的铁蹄来到巴黎时，卢浮宫里的文物全都消失不见。一旦纳粹被赶出法国，这些文物又神奇地从民间回到了馆藏中。当然这只是传说，随着岁月的流逝，很多事情都不再清晰。

诸葛羽还记得自己第一次来卢浮宫，是和端木笙一起。那是一九九三年的元旦，他们到巴黎度假。在巴黎，他和端木拥有美好的回忆，这也是他选择继续留在巴黎的原因之一。只可惜物是人非，玉人如今不知在世界的哪个角落。

自杀现场是隶属于卢浮宫的杂物仓库。诸葛羽和铁南同时皱眉，因为他们都知道，越是古老的建筑，越有说不清楚的角落，而类似堆放杂物的地方，更是容易被忽略的空间。

这座小型仓库分三层，因为是仓库，所以比普通楼房高出不少。死者努瓦克在加班搬运箱子的间隙，从最高的平台跳下。无征兆，无理由。

铁南看着周围标着号的大盒子，道："这里的仓库会不会有一些该收到ECIS宝物库的东西？也就是一些很邪、很特别的物品。我之前在ECIS宝物库工作的经验，那些寻宝探员跟我说过，当一块地区发生群体性不安的时候，通常是某件特殊的东西变化了。优先考虑的有当地的墓地风水，以及当地馆藏中是否有特殊的变化。我一早已经到访过先贤祠，以及巴黎人主要的几块墓地，都没有问题。只有卢浮宫馆藏太多，所以清点需要很多时间，我还在等消息。"

诸葛羽道："很难说，你当然记得我在伦敦的大英博物馆办过个案子，就是古代象棋棋盘里面有棋灵。越是古老的地方，越有难以想象的东西。我觉得卢浮宫也不会例外。所以如果有必要，我们也可以盘点一下最新入库的，或者最近丢失的藏品。当然，那样会需要更多的人手。"（详见E科故事《黑色博物馆》）

铁南一面看着周围，一面道："我记得那个你说的棋盘案，还记得你曾经办过一个案子。当时伦敦连续发生了几起自杀事件，由于你和阿伦·史密斯关系好，所以你和他一起办理。最后发现是恶灵，或者说是另一种生物在作祟。"

"没错。但是，当时的自杀事件没有这里那么多。而且我运气好，调查的时候很快找到了案子的源头。"诸葛羽说道，"那个案子更像是连环杀手的作品，只不过那个杀手不是人类。"（详见E科故事《连环自杀案》）

"所以，你觉得这里的不一样？"铁南问。

诸葛羽点头："的确不一样，你给我的数据证明这次的事件更像是病菌传播。一夜间，人人都想自杀。一个杀手怎么也不可能杀得过来。而且，你有没有整理出最初的自杀事件，也就是整个事情的源头是哪个事件？我当时大英博物馆的那个案子也是一样。发生变化的古董棋盘就在死者边上，相对于和死者的关系很密切。而现在全巴黎都在死人，这和你的藏品理论有点搭不上。"

"自杀也会传染，这一条是心理学上有证明的。这些自杀事件最初并没有控制报道，但后来巴黎政府作了消息封锁。最近的连续几起跳楼事件从上个月开始发生，死者脸上带着奇特的笑容。除了跳楼，很难把自杀事件一一作甄别。尤其是警方通常对自杀事件处理得很草率。"铁南想了想道，"老大，在这有没有看出什么？"

“这里是他自杀的现场，但未必是引发自杀的现场。而引发自杀的原因有很多：事业危机、感情危机、精神病，死亡威胁，等。我们如果不了解一个人，就无法作出正确的判断，每个人都会撒谎，每个人都会隐藏一点东西。这个自杀的现场我看了，他们搬运的是一些乐器。我没有看出什么问题。而且如果有问题，别的工作人员为啥没事？”

“这就是我头疼的地方，老大，你觉得该怎么做？”

“你对我真是有信心，即便失去了心灵倾听也这么依赖我。”诸葛羽笑了笑，“我觉得，既然是我们两个合作，就要从头开始。你把所有死者的档案列出来，不用全城一个月的自杀事件。你列出克伦达尔这个管区的所有案子，即便是一个地区的案件，数量也足够我们研究出一定规律。”

“我已经整理好了。但……”

诸葛羽道：“不用但是，如果你已经整理好，就把你整理的档案给我，我用另一种思路再来研究一遍。你现在就回去取，我在卢浮宫等着。”

“卢浮宫？”铁南一怔。

诸葛羽举起手，微笑道：“你以为我失踪之后靠存款过日子吗？我是卢浮宫的夜班保安。不管你信不信，最近八个月我就住在图书馆里。”

“老天爷啊！我这就去拿。”铁南扭头走了几步，又停了下来，对诸葛羽道，“老大，你不会又消失了吧？”

“不会。说话算话。”诸葛羽拍了拍胸口。

铁南醒来的时候，窗外的阳光正照在沙发上。他看到边上的一大一小两块黑板密密麻麻地他写满了案子的疑点，并且标记出了七八个人名。桌上，诸葛羽留了字条，让他做两件事，一是催一下卢浮宫最近的物品丢失清单，二是重新分析所有死者的日志和私人爱好，他会随时需要咨询。

“这个家伙一宿没睡吗？”铁南也只睡了三个多小时，他看了看诸葛羽的房间，这里最多的东西是空酒瓶和各种书籍，烟灰缸里堆满了烟头。而他记得诸葛羽之前几乎是不抽烟的，并不是所有人在得到自由后都会过得幸福。他的目光落在工作黑板上。

小黑板上清楚地写着一行字："什么会触动你放弃生活？什么会触动你的灵魂？"边上又歪斜地打着一个大大的问号，"人生若无可恋……"之后就没有了。

铁南深吸了一口气，打电话叫了外卖，然后打开电脑，继续昨夜的工作。他在特制表格里把所有死者的各个细节都排列成表。性别、种族、工作、兼职、收入状况、第一爱好、第二爱好、身体状况、工作路线、死亡时间、家庭状况、犯罪记录、医疗记录，等。

这时，临时安装的传真机响了起来，卢浮宫内珍藏的脾气古怪的艺术家的馆藏清单发了过来。铁南看了眼清单，微微皱起眉头。

他打了个电话："小米，三十个死者的物品归类你做好了吗？有没有什么发现？你注意一下，有没有和油画有关的东西。"

巴黎是个很大的都市，共有二十个区。克伦达尔所辖的巴黎一区，位于塞纳河北岸，其中包括卢浮宫、皇室宫殿、杜伊勒利花园等耳熟能详的地方。和伦敦的街道比起来，这里的街道更柔和。诸葛羽一个上午走了七个死者的日常活动路线，手上的小本子写满了注意要点。现代人生活节奏加快，但生活得也非常简单，大多数是公司和家两点一线。诸葛羽循着这些人的生活轨迹，仿佛看到了一张张不同的面孔。

死者一是一位未婚爸爸，除了日常上班，还要照顾一个两岁的小孩。由于他是做广告平面设计的，所以工作主要在家里完成，但每天要上街两次，购买新鲜的食物和跑步锻炼。他跑步的路线包括新桥和卢浮宫。

死者二是一位艺术家，名叫劳伦斯。每个礼拜有三天在艺术桥上作画，其他时间行踪不定。其实他是一个雕塑家，出事的前一天，他遇到了车祸却安然无恙。

死者三是一位流浪艺人，游荡在巴黎各条街道的画家，偶尔也表演杂技。他叫埃里克，是这七个人中年纪最大的人，四十五岁，经常露宿街头。诸葛羽发现，这个人前些时候还曾经和他聊过天。那是个阴沉的午后，对方给发呆的诸葛羽画了一张素描。忽然天开始下雨了，诸葛羽和他一起在桥洞下躲雨。这个家伙提到，最近在巴黎的街头，他听到过的最美丽的音乐来自一个九岁的孩子。"那个孩子演奏的乐曲是绝无仅有的！"他这么说道。

死者四是一位艺术教师，主要负责富家子弟的私家课程，课业包括油画和钢琴。

一度被誉为音乐天才，但他成年后没有成为明星，他的学生也不算巴黎的上流社会。他经常带着学生去卢浮宫参观。

死者五是一位游走四方徒步旅行的旅行家，一年只有两个月在巴黎，大多数时间都在外面旅行。三十岁之前是巴黎艺术圈小有名气的画家。

死者六是一位每天闷在工作室里的动漫从业者，负责视频的剪辑工作。早上八点，被发现赤条条的从办公室的阳台跳下。

死者七是一位并不算成功的商人，从另一方面说，他其实算是一个成功的油画收藏家。

三十人名单里有七个从事文化艺术的工作，这就是诸葛羽集中分析这七个人的原因，他的办案字典里没有巧合。只是这些人被什么牵扯到了一起？诸葛羽站在塞纳河边最古老的桥上，思索着这个问题。他翻看着其他死者的资料，其中一个是牧师。一般来说，牧师是不会自杀的，但在纷繁复杂的现代社会，信仰的缺失已经不仅仅是出现在普通人身上了。这名牧师有每天黄昏散步的习惯，喜欢在塞纳河的各座桥上走走。有一名死者是巴黎游船上的钢琴手，每天晚上在游船上给游客弹奏节目，据说他经常一个月都不下船，颇有点海上钢琴师的味道，当然，在1996年那部电影还没有上映。还有一个死者是舞女，相对是晚上活动的工作。主要工作时间在晚上八点后到次日凌晨。在著名的红磨坊工作，也住在同一个区里，过着昼伏夜出的生活。这些不同的人，为何都选择了自杀？

这些死者里，唯一和诸葛羽交谈过的是那名叫埃里克的艺人，诸葛羽仔细回想着那次对话。根据记录，这次对话后大约八小时，他就自杀了。

“你喜不喜欢绘画或者音乐？我这是说的啥呢，在巴黎一块广告牌砸下来，能砸死三个艺术家、一个模特。在巴黎熏都能熏陶出一个准艺术家来。”“相信我，我算是这条街上最好的画手了，对，不是画家，只是个画手。那些自以为是画家的人，都该去和凡·高比一下。人家作为一个疯子，画出来的东西，他们几辈子都比不了。”“诸葛，你话很少啊。不过，你至少是个不错的听众。”“你相信不相信，艺术家和疯子并没有区别？艺术的本质应不应该是简单而纯净的？”“嘿，诸葛羽，这雨就要停了。”“那个孩子演奏的乐曲是绝无仅有的！那个叫卢克的孩子，有一双无与伦比的眼睛和一双无与伦比的手，但却是个聋子。你能想象吗？他本该成为一个画家，现在却是个小提琴手。”

诸葛羽被电话拉回了思绪，电话那头，铁南道：“老大，卢浮宫馆藏里，最近丢了一批东西。一支画笔，他们丢了一支画笔！是当年凡·高用过的织梦笔！如果要在巴黎寻找失窃的古董，要到哪里去找？”

“我们去‘魔方盒子’，蒙马特区。”诸葛羽道。

魔方盒子是一家灰色门面的酒吧，在外面看毫不起眼，却是巴黎黑市最核心的地带。凡·高的画笔不算什么年代久远的东西，所以落在外行人手里会暴殄天物。这并不像是青铜器皿，也不是东方瓷器，哪怕落在暴发户手里也只会保存几天。但是，既然是从卢浮宫里流出来的东西，一定会有人来问一下魔方盒子的老板，只要他们到过柜台，就会留下线索。

“你现在的想法，觉得可能是卢浮宫丢失的馆藏影响到了人，那些人受了馆藏物品的影响，而去自杀？”诸葛羽对急匆匆下车的铁南道。

“是的。今天他们终于把我标注的重点人的藏品清单列齐了。”铁南握拳道，“最近有一处老仓库漏水，导致很多馆藏放置地发生了变化。”

诸葛羽道：“但你仍然不知道，是什么东西，是如何影响了巴黎。何以见得是凡·高的笔？另外，你说的ECIS寻宝探员守则我也看过，上面说必须是涉案相关人员和该藏品有交集。我们这里有人和你说的凡·高画笔有交集吗？”

铁南坏笑道：“凡·高的画笔在上个月整理搬运的时候，接触的人就是昨天死了的努瓦克。无论如何这算是一个交集！”

说话间，两人已经推门进入魔方盒子。诸葛羽听到铁南说的消息后，也兴奋起来。这无论如何是一个大突破。

魔方盒子的柜台有三个，一个是酒吧，一个是当铺，另一个是看不见的柜台，至少是大老板才能到的VIP包厢。

“我见过这个人，大块头。”魔方盒子的当铺柜台后面，那个戴着小眼镜的中年

男人看着照片道，“我有印象是因为他送来了很多东西，并没有什么值钱的。他不是第一次来，他大约两三个月就会来一次。”

“来的时候有几个人？有没有见过这个？”铁南又拿出画笔的照片。

“通常是两个人来，但是只有他一个进来。曾经有一次，我见过他的搭档。那是一个小个子男人，再看到我能认出。但具体的说不清。”伙计看了看照片，“这支笔我记得，一百年前的东西，但我没有收，因为他要价太高。”

“高？”诸葛羽问，“你讨价还价应该有一套。”

中年伙计笑了笑：“先生们，事实上他算是这里的常客，我也不会太压榨他。他只是卢浮宫里面处理杂物的，偶尔能淘到宝，但大多数时候不能。一年也许就那么一两次，能拿到可以换几万元的东西。那支笔没啥特别的，除非是凡·高用过的，鬼都不会要。他开价超过了均价，我还价之后，他说过几天再来。结果你猜怎么着？”

“他没有再来？”诸葛羽道。

“不……”伙计吊胃口似的语气一顿，“他再来时跟我说，那支画笔丢了。他说那天回去的路上，他出车祸丢了个包，那支笔在包里。他说是最倒霉的一天，为这事情，他还和同伴闹翻了。巴黎的治安真是越来越不好了。”

“你见过那支笔，怎么形容它。”铁南问。

“不好说。”伙计挠头道，“事实上，我对艺术略有涉猎。你知道，这里是巴黎，时尚艺术之都。我觉得那支笔给我一种创作的冲动，我拿起它时，想到了很多最初学画的快乐日子。”

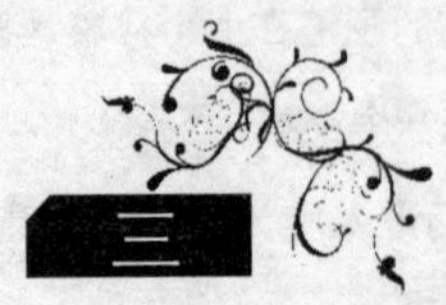

线索又断了，铁南和诸葛羽走出魔方盒子，兴奋感荡然无存。

“我们又绕回来了。”铁南道，“我们仍然不知道，如果引起变化的是那支笔，那么它是怎么发挥作用的？”

诸葛羽摇头道："不是。"

"怎么不是？"铁南问。

"现在的情况是两个。"诸葛羽道，"如果我们把凡·高笔作为突破口，现在就忽然多了很多线索。如果把凡·高丢在一旁，就需要重新从已有线索中找寻突破口。铁南，你要知道，凡·高笔引起自杀事件，只是你从之前在ECIS宝物库的工作经验里得出的一个推断，并没有任何根据。如你所说，你并不知道如果引起变化的是那支笔，那么它是怎么发挥作用的呢？"

"是的。"铁南叹了口气，"事实上，我有件事没有跟你说。"

诸葛羽吃惊地看着对方，他失去心灵倾听的能力后，经常被别人的隐瞒惊得一塌糊涂。

"我发现案子可能和凡·高笔有关后，特地去ECIS宝物库的数据库里搜索了一下关于凡·高笔的资料。"铁南苦笑了下。

"然后呢？"诸葛羽瞪着他。

"资料显示，凡·高笔是一支神奇的情绪笔。已知功能之一，就是能带给人美好的情绪。就如那个当铺的伙计说的，他会想到艺术创作是如此美好。"铁南道，"它显然不应该是一支死亡之笔。"

诸葛羽听了反而松了口气，他拍着铁南肩头道："菜鸟，世界上并不是只有坏情绪能让人死。好情绪也未必有好结果，就好像大麻和鸦片。既然凡·高笔在资料库有记录，这条线索我们就不能丢。而且，如果这东西能带来幸福感，那么似乎可以解释，为何死者脸上都有奇怪的微笑。"他想了想道，"我们仍然分头行动，我去调查那个杂物库管理员的车祸，你去看看那个包到底被谁拿了，还有调查他的同伴是谁。我们人手有点紧啊。我们还需要人，继续整理那些死者的物品，看看有没有共同点。小到一条记录，大到一个包的样子。"

"我还有一个叫小米的内勤可以用。你有需要就打电话给她，现在她正在整理那些物品。"铁南递给诸葛羽一张名片，就飞奔着离开了。

诸葛羽低头看了看，熟悉的ECIS格式名片上写着"艾米·张"。他嘴巴里嘟囔

道：“居然是三个中国人在为拯救巴黎人民而努力啊。”

杂物库管理员努瓦克出车祸的地方在新桥附近，档案记录显示，他和另一名死者劳伦斯，也就是那个雕塑家的车撞在一起。

发现这一点后，诸葛羽感觉真相似乎就在前面了，哪有那么巧合的事。但是当他来到出事的街口，才意识到要了解一个月前的车祸情况是个不可能完成的任务。车水马龙的街道上，除了交警没人记得那起车祸，而今天那个交警显然也不是那起车祸的处理人。尽管艾米·张给他描述了被偷的包的外形，但有机会看到那个包的人能有几个？

这时已是中午，诸葛羽买了几个面包，然后跟附近的流浪艺术家攀谈起来。那些看似无所事事的艺术家比人们想的要更懒散，同时街上的风吹草动他们也是无所不知。

“你问那起车祸案，我记得！一辆车是个雕塑家的。那家伙的作品不怎么样，命却很大，车头都撞扁了，他人却一点事也没有。”“对对……我记得那起车祸，一辆车失控，两个司机居然都没事。吵架吵得热火朝天的。”“你问他们吵架？没错，要不是警察在，他们就打起来了。听说那大块头丢了东西，哭的情绪都有了。”“我偷偷告诉你一个人，你别告诉别人。那个大块头，丢的是一个包。你问我怎么知道的？当然是我看到了。”

诸葛羽把那个猥琐的流浪汉拉到一边：“那个包被谁拿走了呢？”流浪汉不吱声，诸葛羽拉着他买了个热狗，加一杯咖啡。他才慢慢道：“休达·霍利尔，这片地方的小偷头儿。”

“休达·霍利尔……”诸葛羽张了张嘴，真有种蓦然回首的感觉。他拨通了铁南的电话，“菜鸟，努瓦克的包是休达·霍利尔——昨天我们在桥上捉的那个小偷偷的。”

“他已经被释放了，巴黎警察捉他不是为了盗窃。我这里也有发现，努瓦克的搭档可能是他的同事乔瓦尼。努瓦克不是死于自杀，我和埃辛正在去抓他的路上。”

“好，我们看看谁先找到各自的目标！”诸葛羽看了眼远处的艺术桥，飞奔起来。

休达·霍利尔没有在艺术桥上，他的玩具店由学徒看着。诸葛羽本想去他的家里，但学徒说，下午这个时间霍利尔会去新桥看儿子的表演。诸葛羽微微皱了下眉，他不是很喜欢这样，在逮捕一个犯人的时候，他不喜欢在他的家人面前。但是事与愿违，那些罪犯都是普通人，都有人生有人养。

新桥是塞纳河上最古老的桥，每天都有很多艺人在这里表现自己。没人知道，百年前的艺人和现在的艺人心境是否一样，抛开物质，艺术是否永远不老?

每天四点以后，卢克都会在这里进行他的小提琴表演，这个表演从他七岁起开始，已有两年，他是这座古老拱桥上最年轻的艺人。男孩褐色的头发遮住耳朵，眼睛明亮如春天的露水，身材很瘦弱。他不算很帅气，但有一双完美的手——修长的手指、柔和的手掌，小提琴在他的驾驭下发出天籁般的旋律。

男孩站在桥栏杆边，边上不时有行人驻足，渐红的夕阳映照在桥上，照耀在他的身上，让人心中生出纯粹的感觉。

卢克……诸葛羽想起来那个叫埃里克的流浪艺人说过的话，“那个孩子演奏的乐曲是绝无仅有的！那个叫卢克的孩子，有一双无与伦比的眼睛和一双无与伦比的手，但却是个聋子。你能想象吗？他本该成为一个画家，现在却是个小提琴手。”

这个孩子……是小偷的儿子，他演奏的乐曲究竟有怎样的魔力？诸葛羽慢慢靠近那个孩子，他注意到孩子的腰间插着一支老旧的画笔。那支笔在夕阳下发出奇异的光芒。曲子逐渐柔和，若隐若现，辗转翻腾传向远方，穿着白色衬衫、背带裤的男孩，纯净的眼睛望向天空，忽然旋律绽开绚丽的变化。一时间仿佛无数天使从天而降，四周锦花朵朵，天空和大地瞬间安静。

对音乐还算了解的诸葛羽却不知道这是什么乐章，他脑海中同时产生了奇妙的共鸣，不同的色彩此起彼伏地出现在意识里。诸葛羽心头一阵剧痛，心头过电影般出现了人生不同时期的各种温暖片段，身体跟着那些场景抖动起来。他仿佛站在很高很高的地方，心情平静而愉悦，四周都是爱的感觉。

不知过了多久，音乐慢慢静止。诸葛羽收拾起心情，望向和父亲休达一起收拾东西的男孩。他拨通铁南的电话，沉声道：“我想，我找到了。虽然还有很多问题没有解答，但你可以看看死者的物品中有没有和卢克这个名字有关的东西，又或者任何和音乐有关的东西。”

“卢克？”铁南道，“你等一下，我昨天好像看到过这个名字。对！是在检查一个大学生的电脑的时候，里面有一首叫卢克的mp3音乐。你是说这首曲子吗？你是想说这次引起混乱的，是类似《黑色星期天》的东西？”（传说中的世界三大禁曲为《忏魂曲》《第十三双眼睛》和《黑色星期天》）

“可能是……只是我刚听过那个曲子，心里充满美好的感觉。”诸葛羽道，“你说电脑上的东西，是刻录光盘传播的吗？”

“不……如果是刻录传播会好办很多，可能是从互联网上下载的，这很麻烦。”铁南捶了捶拳头，“至少我们找到了源头。那个卢克是谁？”

“一个九岁大的孩子。我等下跟你说，你赶快对付那个传播的网站。”诸葛羽觉得脑子浑浑噩噩的，他深呼吸了几下，向霍利尔父子走去。他面对过无数强敌，很少有现在这样的茫然。

休达·霍利尔记得诸葛羽，他昨夜的牢房遭遇就是拜诸葛羽所赐，但在儿子面前，他表现得很有礼貌。

诸葛羽和休达离开孩子十多步，才开始交谈。“我来找你，原本是为了你一个月前在交通事故中偷了一包东西这件事，那包东西本身是赃物，里面有一支画笔非常重要。”诸葛羽停顿了一下，“我现在要告诉你的是，我想和你的儿子谈谈，私下谈谈。”

“那包东西，不是我偷的。我只是……”休达·霍利尔看看四周，低声道，“我只是销赃的人。你如果要那支笔，我知道那不是普通的东西，你随时可以拿回去。我不会承认是我偷的。我顶多说是捡到的，或者别人送的。随便你信不信，反正你没有证据，我不会被抓去坐牢的。但这事情跟我的儿子有屁关系？”

“这里面的事情很复杂。”诸葛羽道，“我不是来追究你的盗窃罪的。那支笔，不是凡品，它具有神奇的力量，我相信你能感觉到，至少拥有它可以快乐不少。我不想把事情具体告诉你。”

“你不告诉我，我不会允许你和我的孩子说话。”休达认真地说道，他作为这个

地带的小偷管理人，能感觉出诸葛羽身上的恐怖气息，但依然坚持。

“你知道，最近巴黎有很多自杀事件。”诸葛羽道，“我们相信这些自杀事件和那支笔有关。”

“这……我们甚至都没有用过这支笔。”休达吃惊道。

诸葛羽道：“你的孩子很有天赋，他喜爱音乐，但先天不足让他进一步成长有一定困难。一个月前，你把这支笔送给他后，就发生了奇妙的事情，是不是？”

休达·霍利尔道：“是的……他虽然听不见，但天生对音乐有一种把握，所以从小他就喜欢演奏。你知道吗，他跟我说他可以看到音乐的色彩，那才是真正的绘画。”

“你是说，他能看到旋律的色彩？”诸葛羽问。

“是的，但我当然无法证实这事情。卢克是可以进一步发展的，可是我总觉得怪怪的，他听不见自己的演奏，以后肯定是个麻烦事。所以我想趁着他小，让他学习绘画。”休达陷入了回忆中，“那天我得起了那个包，里面的东西我都处理掉了，唯独那支笔。那支笔很不同，让我想起了卢克出生时候的情景。他也看到了，很喜欢。那是支古董笔，只要他喜欢，我就让他留着。然后，他忽然能够演奏出完全不一样的东西。他每天演奏的都是不一样的东西，简直就是一个奇迹！那支笔仿佛可以感受日光，每天太阳照耀的不同时刻，卢克都会有不同的灵感迸发。”

诸葛羽苦笑了下，有人说，太阳是凡·高的灵感之源。

休达道：“你能理解我当时的激动吗？他原本只是有天赋，之后简直是天才，是莫扎特，是贝多芬！是帕格尼尼！现在……你要把那支笔拿走吗？为什么要拿走可以给人创造幸福感的东西？”

“因为有很多人会死。”诸葛羽低声道，“这音乐带给人的幸福太华丽。越是纯粹的人，受到的冲击越大。”

“你是想说，好人听了更容易死？”休达一脸茫然。

“是的……也可以这么说。所以，让我去和他谈谈。”诸葛羽再一次请求。

休达·霍利尔看着边上的孩子，低声道：“他出生那天，是难产……我还记得上午阳光还很好，晚上就风雨交加。他妈妈生他之后就去世了，死之前唯一的要求，是要我好好照顾他。当他两岁的时候，我发现他……是个聋子。”他有些哽咽，“我很绝望……但这个孩子，很聪明，比所有人都聪明。三岁的时候，他第一次摸到了小提琴，居然就能拉出不一样的旋律。那是神迹！你能想象吗？一个听不见声音的人，能够演奏。有人说贝多芬也是那样，但是贝多芬不是从小就听不见的。他接触音乐之后，才学会说话，之后的生活就容易多了。当他七岁的时候，我身边就没人可以教他了。”休达无奈地点了点头，“去吧，他会唇语，可以和你说话。但不要告诉他真相，好吗？”

诸葛羽走向那个孩子，卢克好像知道他的来意，安静地从腰带上把凡·高笔解下，递给了他。

诸葛羽也不知道该说什么才好，久久才道：“谢谢你刚才的演奏，我受益良多。”

“它的失主来找它了吗？”小卢克问。

“是的。”诸葛羽道，“它的主人，需要它回到该去的地方。”

小卢克道：“我知道……能拥有它的人一定非常了不起，而且它是支画笔，不该属于我。”说着，他依依不舍地哭了起来。

“你也很了不起。”诸葛羽接过笔，心头闪过奇异的悸动。他想了想问道，“卢克，你在演奏的时候，什么感觉？”

“前所未有的美好。”小卢克道，“其实我也想过学画画，但是画画给不了我演奏时看到的那些色彩。”

诸葛羽看着卢克的眼睛，缓缓道：“相信我，你有你的天赋，独一无二。不需要借助任何东西，世界上的人早晚都会知道卢克·霍利尔的演奏。”他从口袋里拿出一张名片和笔，上面写上了“飞利浦·隆”的名字，递给卢克，“去伦敦，找这个人，他会给你指引。任何时候，你都可以打我的电话。”

尾声

诸葛羽怀揣着画笔，慢慢离开了新桥。口袋里电话声响起，那头的铁南说道："网站已经找到，下载的人来自世界各地，之后的工作还有很多。我已经想到办法，把可以找到的下载链接都删除了。感谢上帝，现在的互联网还不算大，十年之后如果发生这种情况，天晓得该怎么办！你说，这首乐曲可以给人幸福的感觉，越纯粹的人感觉越明显。卢克每天在桥边演奏，每天有那么多人听到他的演奏，有那么多人在互联网上下载了他的曲子，但只有这些人受到影响，是否说明现在的世界，人类越来越难感觉到幸福了？"诸葛羽没有说话，只是听着。铁南又道："老大你还在吗？你说在听乐曲的时候，那些人都产生了什么感觉？你当时想到了什么幸福的事情？凡·高笔有那么大的力量，真想看看当年凡·高本人活着的样子。"

"凡·高是疯子艺术家的典型，活着的时候无比凄凉，没啥好看的。"诸葛羽淡然道。

"这样……老大，总部来了命令，说我们这次事情办得非常好，决定恢复你的职务。但是……"

"但是，要在你的手下做事情？"诸葛羽问道。

"是的……他们调我去香港，负责香港E科，辐射亚洲。你如果有兴趣，我们一起回亚洲吧！"

"我考虑一下。"诸葛羽挂断电话，平静地看着塞纳河的波光，脑海里面浮现出一个温柔绝美的身影，这就是刚才乐曲进行时他看到的最多场景。那个魂牵梦绕的女子，如今身在哪里？他点起一根烟，默然片刻，自语道，"该回ECIS了吗？"

每个人都感受过幸福，有时候幸福亦可杀人。是不是？

小组 讨论会

诸葛羽：我们两个今天来给大家说一段相声。

铁南：相声是语言的艺术，讲究的是说学逗唱。

诸葛羽：对，是艺术，不是三俗。

君天：你们两个干啥呢？

诸葛羽：老大，不好意思。今天整个故事就我们两个人，所以……你看两个人开啥讨论会呢。所以不如说相声。

君天：说相声有啥好？

铁南：呃，不公开播出的相声，可以唱《十八摸》，就这点好……

君天：噗。

唐飞：你们真能扯啊，说起来我们其他人虽然没出场，但不代表小组讨论会就不能来。

罗灵儿：就是就是！

白先生：我本来以为今天是我的复活夜，没想到故事一拐，又到九十年代去了。还是没有我的时代，真是伤心。

苏七七：其实我很喜欢今天的主题，这个世界能感受到美的人越来越少。无关个体，只因为时代太匆匆。我也很欣喜地看到司徒南大人，忽然多了很多台词！

铁南：哈哈哈哈！我得意地笑！

唐飞：我记得有位读者的名字就叫“司徒没有台词”，以后估计要变成铁南好多台词了。

铁南：我很渴望变话痨。说起来，如果我们香港小组能够成立，是不是又要有新人加入了？

罗灵儿：就是传说中在1999年死了一半的那个小组吗？这个可以有，反正不会抢戏。

端木笙：不过那个小组的故事，意味着我们这批人肯定不会加入。除了诸葛羽那小子还能继续得瑟。

白先生：所以，还是强烈要求复活我。我们还是说21世纪的故事吧！

苏七七：你们有没有发现，我们办的案子从来没有正常的，正常的杀个人，正常的绑架案，都是这种神神秘秘、神经兮兮的案子。

罗灵儿：所以我们才叫异现场。

唐飞：大boss呢？

丁奇：君天大人最近很落寞，因为在考虑查理是不是该复活，以及我们这个故事未来的走向问题。

诸葛羽：我只祈祷一件事情，怎么都好，我们这个小组不要有损伤就好。

所有人：……

君天：其实，我最近很好奇1996年铁南和诸葛羽重逢后，逐渐成熟的诸葛羽会是什么样子。大家难道不好奇？

诸葛羽：这样20岁、30岁、40岁的我，就全了吧？

君天：是。

诸葛羽：赞美撒旦。悬疑志

异故事讲堂
YIGUSHI JIANGTANG

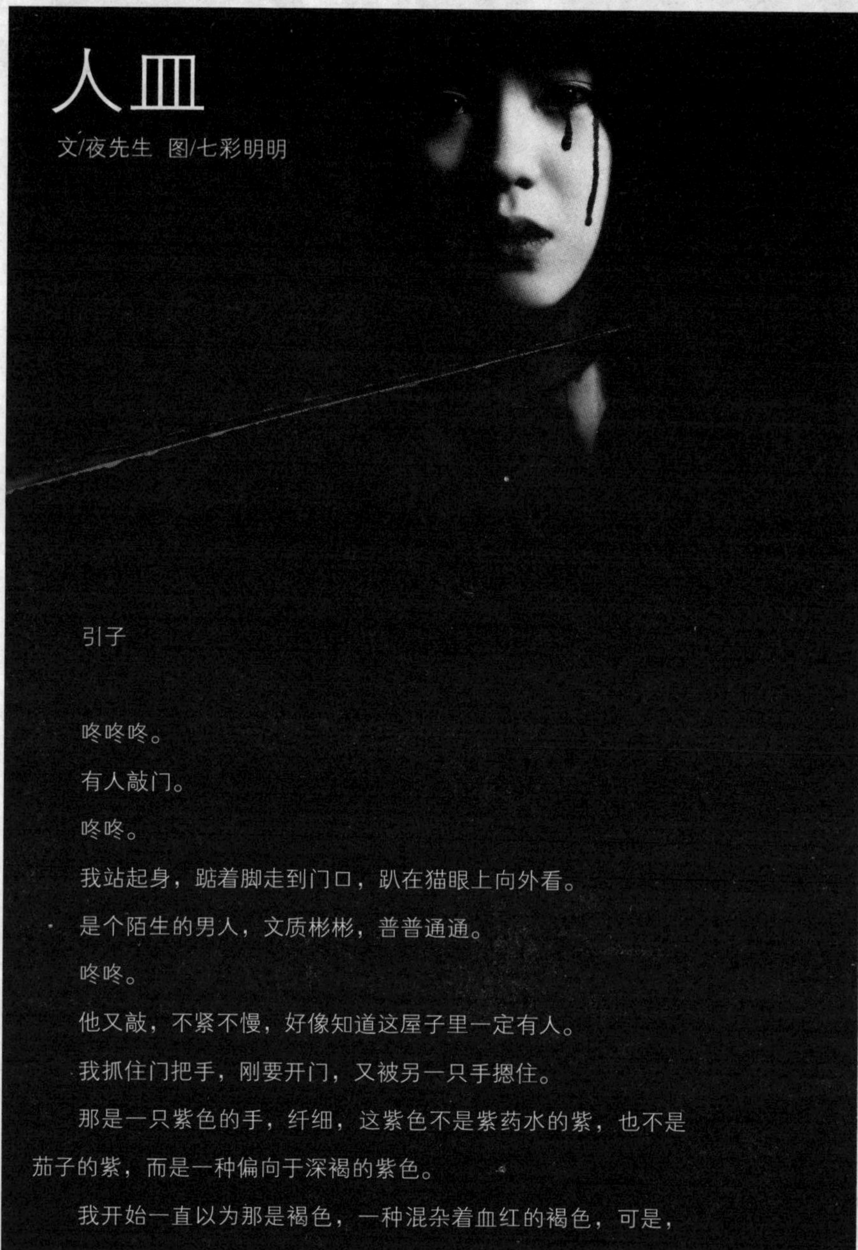

人皿

文/夜先生 图/七彩明明

引子

咚咚咚。

有人敲门。

咚咚。

我站起身，踮着脚走到门口，趴在猫眼上向外看。

是个陌生的男人，文质彬彬，普普通通。

咚咚。

他又敲，不紧不慢，好像知道这屋子里一定有人。

我抓住门把手，刚要开门，又被另一只手摁住。

那是一只紫色的手，纤细，这紫色不是紫药水的紫，也不是茄子的紫，而是一种偏向于深褐的紫色。

我开始一直以为那是褐色，一种混杂着血红的褐色，可是，眼前这个憔悴的女人告诉我，这是紫色，地地道道的紫色。

这个女人拉着我穿过客厅，走回卧室，她一边扶着墙壁，一边趿拉着鞋，轻手轻脚，尽量不发出丁点声响。

我打量着这个女人，她的脸形狭小尖瘦，不知道她以前正常的时候究竟是怎样的姿色，不过我猜，肯定丑不了，或许会很可爱。

“为什么不让我开门？”我好奇地问她，“并不是每个人都是坏人。”

她并没有回答我的问题，而是摸索着、摸索着，缓缓地拉开我的衣橱，那里面空着一格，自从来到我家的那天，她就睡在里面。

她慢慢地蹲下，挪进去，用肩膀仔细确认橱柜的各个板面，然后拖过被子，像包粽子一样将自己从头到脚仔细地裹住。

她的头发轻轻垂在头皮的两边，遮住一点点眼睛。

“现在是几点了？”她问。

“八点。”我说着，又赶紧补充，“哦，上午，上午八点。”

“又过了一天……”她顿了一下，像要继续说下去，可嘴巴微微张了一会儿，终究没有吐出一个字。

“是啊，又过了一天。”我有点茫然地重复了一次。

“我害怕，”突然，她幽幽地说，“我怕，如果开门，如果是他们，如果他们要我回去，我会跟着他们走。那样的话，我现在的一切就变成了咎由自取。我不想，不想在我死了之后，别人指着我的棺材说，这个人是活该。”

“怎……怎么会呢？”我不知道该说什么。

“你知道吗？刚才我做了一个梦，梦见我死了，去了天堂。那里到处是富翁，每个人的身上都挂满了钱，只有我是个穷光蛋。我问他们，你们怎么这么有钱啊？他们说，那里有免费的电话亭，打电话给你还活着的孩子们啊，让他们给你烧，烧了你也就富了。”这个女人说话的频率始终如一，冰冷得让人心酸，“我站在电话亭里，拿起电话却不知道拨哪个号码，我的孩子就在我的肚子里，他来得比我还早……”

采访记录一：

采访对象：

自驾游团队队长 千里风

我：你们是怎么发现这个女人的?

千里风：周末，我跟几个朋友出去自驾游，因为比较累，我们几个人轮流开车，轮流休息。回来的路上，其他人都睡着了，只有我自己开。在一个三岔路口，我拐错了方向，越走越荒凉，感觉进了连绵的大山里，我叫醒他们的时候，前面已经没有像样的路了。他们几个下车辨认方向，顺便伸伸懒腰方便方便。有人发现，有堆草在动，那时候已经是傍晚，我们以为是野猪什么的，没想到，是她。

我：那时，她是什么样子?

千里风：全身瑟瑟发抖，见到生人格外害怕，不允许我们哪怕丝毫的靠近，她的头发很乱，衣服也很破旧。

我：然后呢?

千里风：我们几个大男人全部靠后，换了两个女人去跟她交流，等到她明白我们的身份，很快就同意我们带她走。不过她拒绝坐在车里，她要一个人待在后备箱里。

我：也就是说，她对车很熟悉，对你们的说话方式也很熟悉。

千里风：对，我们一致认为，她是在城市中生活的人，不是从小没出过大山的农民。

我：为什么把她带给我?

千里风：我们的女性成员跟她交流，她说她不去医院，不去警察局，死也不去，她也没有家，什么都没有。我想，或许只有你们当记者的才能帮她找到家。

我：那时候她的皮肤是什么颜色?

千里风：正常的颜色，一点都不紫。

我的日记一：

5月9号

接到一个陌生人的电话时，已经是下午，没有过多的寒暄。他很单刀直入，说他们是个自驾游的小团队，从昨天傍晚到现在，开了整整24个小时才返回市里。他们要单独见我，然后就交给我一个奇怪的女人。

见到她时，她已经开始发烧，意识多少有点模糊。不过，她在用最后的意志力控制着自己的命运，不去医院，不去警察局。提及这几个字眼，她立刻会全身紧张，像疯了一般。

我只能把她带回家，因为我是单身，自己有房子住，除此之外，我别无办法。

有两点很奇怪：第一点是，她一进我的家，就到处摸索，最后摸到了衣柜，将一个隔断里的衣服全部扔了出来，自己钻了进去，我感觉她对安全感有种近乎疯狂的需求；还有一点，在递给她被子后，她口口声声对我说，不要让任何人进来，不然，她就去死。

她很决然地露出了手腕给我看，上面有割腕的痕迹，好几道陈旧的伤疤，看上去很严重。也就是从那时起，我注意到，她的胳膊开始变成一种深褐色，她告诉我，这是地道的紫色。

采访记录二：

采访对象：

自驾游团队副队长　小米

我：神秘人是哪天跟你联系的？

小米：回城后的第二天中午。

我：他是怎么知道这一切的？

小米：有人发帖到网上。毕竟我们这个团队有十几个人，最后去找你的只是几个核心成员。尽管我们一再要求大家不要四处张扬，还是有人忍不住一回家就上网发了帖。她去的是这个城市最火热的交友论坛，帖子很火，很快就被置顶，当天晚上就有不少人私信她，有的说是记者，有的说是好奇，都想当面见见这个奇怪的女人。我晚上看到这个帖子后，赶紧跟论坛的版主交涉，最后帖子在凌晨被删除。可从那天晚上到第二天中午，有个人不停地给我发私信，非要跟我聊聊。

我：为什么要找你？

小米：因为网帖里说了，我是跟这个奇怪的女人接触最多的人。

我：如果我请求你帮我继续跟这个女人沟通，可以吗？

小米：……（沉默）

我：怎么了？

小米：……还是算了吧。

我：怎么了？

小米：（犹豫，吞吞吐吐）我们……我们见到她的时候，她的衣服都很破烂，正好我有套多余的外衣裤，就打算给她换换。她很抵触，挣扎得很厉害，我跟她沟通了好一会儿，她终于答应换衣服，不过要独自一个人在汽车的后备箱里换……

我：（等待）然后呢?

小米：呼……然后，我并没有关严后备箱的盖子，因为看她动作时而迟缓，时而猛烈，担心她精神有问题，万一她在里面做什么，我好作出行动。不知道怎么搞的，她换衣服的时候，后备箱的盖子突然打开了，我当时正在看着，看到了她赤裸的上身。

我：你看到了什么?

小米：我看到了她隆起的小肚子，很不正常地隆起，像个瘤子。

我：瘤子?

小米：不确定，不知道该怎么形容，那时候天色暗了，而且她发觉了之后赶紧转过身去，将衣服套好，我只看到短短的一瞬间。像个瘤子，不，不对，虽然是隆起，但是有很多褶皱……算了，我没看清。

我：那为什么不愿再跟她接触?

小米：我不想给自己惹麻烦，我已经很害怕了。

采访记录三：

采访对象：

自驾游团队队长 千里风

我：神秘人是什么时候开始联系你的?

千里风：那天晚上他不停地骚扰小米的时候，已经在发私信给我了，而且，不光是我们俩，我们队里的很多人都收到了私信，打听这个奇怪女子的下落。

我：他怎么会找到你的住处?

千里风：我们的俱乐部地址是公开的，谁都知道。

我：他怎么攻击你的?

千里风：也谈不上是攻击，他给我们发了很多私信，但是谁都没答理他，也就这样了，我并没有在意。第二天照常去俱乐部上班，中午吃饭的时候，几个同事都出去了，我因为在修自驾游的照片，是最后一个走的。刚一出门，就看见有个人蹲在路边系鞋带，我没在意，从他身边走过去，没想到他突然站起身，从背后捂住了我的眼睛。

我：然后呢?

千里风：他的手劲很大，我挣脱不

开。他问我把那姑娘藏在哪里，我说不知道。前面正好有同事叫我，他就赶紧跑了，跑的速度也很快。我只看到一个背影，很普通，毫无特点。

我：那你的手怎么会受伤？

千里风：我也很纳闷。我只是在他捂住我眼睛的时候，抓住他的手拉扯了几下，没有别的动作，当时手不知被什么东西划破了，出了一点血。下午接着干活的时候，慢慢觉得手开始不舒服，然后就长出了些这样的绒毛，像绒毛吧，你看。

我：他的手有什么特别吗？

千里风：嗯……你不问我倒忘了，他的手确实不同，骨头很硬，但是骨头外面有一层很软的东西。

我：皮肤？

千里风：不是，比皮肤还要柔软，又软又嫩又滑，而且，他的身上有一种浓重的味道，闻着好像很熟悉，但是怎么都想不起来是什么味道。

我：香味？苦味？酸味？

千里风：都不是……一种土的味道，像……像蘑菇？

我的日记二：

5月10号

我开始了外出的采访。

昨晚给这个奇怪的女人吃了一点退烧药，好像起了作用，她有了些精神，但对我来说非常麻烦，因为她躲在衣橱里，要我时时刻刻守在她的身边，她要确认我没有做任何可能出卖她的事情。

今天早晨，我说要去上班，开始她怎么都不肯，非要让我打电话请假。最后我只好对她说，如果我说自己病了，那同事们一定会来看我，到时候我只能开门让他们进来，不然，他们一定会打电话报警。

这女人最终妥协了，不过她要我交出家里所有的钥匙。在我回家的时候，她负责给我开门，她的手里拿着我的刀，她要百分百确定我是一个人，才会给我开门，不然只有一个结果。

白天，我一直在采访，采访自驾游团队的人，队长千里风的那双手给我留下了很深的印象。手指微微发红，一簇一簇类似绒毛的东西软软的，使劲一捏就糊成一团，不痛不痒，毫无知觉，可就是去不掉，水洗冲不掉，用纸擦不掉，捏了糊成一团。过几个小时，糊的上面又会长出新的绒毛。

这究竟是些什么东西?

还有，小米说，这个奇怪女人的肚子上长了一个瘤子。昨晚到现在，她大多数时间一直蜷缩在壁橱里，我还真没怎么在意，不过她穿的衣服很肥大，我该怎么才能确认一下?

让她去洗个澡?

意外不断发生一:

5月10号

为了怕她担心，我尽量早回家。

敲门，果然等了半天，我相信她一定在猫眼里仔细打量我，所以特意站得很板正。

在等待的时间里，我一直在思考究竟怎样才能观察到她的肚子。白天闲暇的时间里，想了几套方案，但似乎都不可行。我是男人，她是女人，我们如此陌生，没有什么理由能让她赤裸相待，除非使用暴力。

门是过了好久才开的，之前我听到了门锁哗啦哗啦的响声，别人家防盗门的锁总会比自己家的难开很多，我有些担心，万一她开不了怎么办。

门打开的时候，我看到了血。

她穿着一件我的浴袍，虚弱地靠在门边，眼睛半睁着，门锁上、地板上，包括她的大腿上，到处都是血迹。

我赶紧进门，搂住她，又迅速把门关上，万一让邻居们看到，麻烦可就大了。

我试着搂住她朝卧室走，然后假装不经意地扶了一下她的肚子。她神经过敏似的迅速打开我的手，挣脱了我的怀抱，一个人扶着墙走。我再触碰她，哪怕只是轻微的一下，她都如针扎一般难受。

我只好默默地跟着，她的血沾在我身上，血很黏稠，应该不是刚刚流的。

不过，她的小腹确实有明显的隆起，这我很确定，并且我确定那里面一定不是婴儿。因为小腹非常软，像棉花糖一样的手感。

在她重回衣橱坐定之后，我劝她去看看医生。她摇头，说她还死不了，她苦笑着说:“呵呵，我当初割腕的时候，流的血比这还多，也没有死成。人想死，真的很难，不想死的死起来，却容易多了。”

我看着一片狼藉的卧室，到处是沾着血渍的卫生纸、毛巾，还有她换下来的衣裤。

“我本想吃点东西，洗个澡，干干

净净地等死，做个饱鬼，没想到……”她的眼睛睁一会儿闭一会儿，“对不起了。”

“你到底怎么了？能讲给我听听吗？”

我很好奇，这是记者的天性，就算需要报警，需要帮助她，也要先弄明白，到底发生了什么。

她的讲述一：

我生活在一个小村子里。

这个村子很特别，只有外人进来，没有人能出去。

我们的生活很简单，日出而耕，日落而眠，自给自足，只吃素，不吃肉。

村子里老少皆有，但以老人居多，每个傍晚，村子里的老人们都要对着即将落下的夕阳祈祷，祈祷他们还能再见到明天的太阳。

老人们很刻板，固守着许多规矩，日复一日，每天都过得一模一样。

能活着就很开心了，他们说。

村子里不许恋爱，不许结婚，也没有什么性别之分。

可我还是忍不住跟一个男人好上了。他已经快四十岁，比我大十多岁。

我们的想法很单纯，没有什么爱不爱，只是想在死去的时候不要太孤单，能有个伴儿。

然后，我竟奇迹般的怀孕了。

自从怀孕的那一天起，我就想跑，想离开这个鬼地方。我可以死，但孩子是无辜的，我想让我的孩子健健康康地活下去，我爸妈都还健在，他们要是看到孩子，也不会因为我的死太伤心。

可是，我跑不掉，老人们很警觉，任何人离开村子的核心区域远一点，都会被揪回来。

一天天过去了，我的肚子开始隆起，时刻会暴露。

我的男人终于在一个夜晚拼了命地放走了我，他点了一把火，烧掉了整个村子，然后让我沿着一个方向拼命地跑，笔直地跑。他知道，老人们不会离开村子太远，他们怕死。

我们都怕死，但总有些事情，比活着更重要，不是吗？

我很好奇，她短短的讲述里，为何总是离不开“死”这个字眼。

她说，因为我们在亲人的眼中，都是已经死去的人，我们是从太平间里被运到这个村子的。

听到她在“村子”二字上加重了语气，我突然想起了以前的一次采访。

以前的采访一：

采访对象：

自由景物摄影师 紫砂壶

我：你是怎么发现这个村子的？

紫砂壶：我最近正在做一项公益任务，去深山里找寻生活贫困的村落、家庭、孩子，然后选择合适的地点，提出合理的方案，交给慈善基金会，兴建希望小学。这个任务已经进行了两年，我去的都是很偏远的山区，交通不便，纯粹靠双脚。有天傍晚，我没计算好行程，在上一个村子耽搁得太久，眼看着天黑下来没有地方住宿，这个村子突然出现了。

我：什么引起了你的警觉？

紫砂壶：在当地政府给我的地图里，这个地方是空白，但我眼前的村子规模并不算小，估计有上百人，我不相信政府会有这么大的疏漏。而且当时正好是落日，所有人都集中在一块空地上，朝着太阳的余晖磕头，非常虔诚。据我所知，当地的人们并没有什么宗教信仰。

我（拿着他拍摄的一组照片中的一张问）：这是张什么照片？

紫砂壶：嗯……这是他们祈祷的仪式结束后，我正在犹豫，要不要暴露自己。我看到这些人开始四散回家，以老人居多。你看，这是一张群拍，里面有好几个人，每个人的身材都很奇怪，这个肚子很鼓，这个后背是隆起的……

我：然后呢？

紫砂壶：当时光线很不好，我没用闪光灯拍了一张，很不清晰，于是我又用闪光灯拍了一张，一下子暴露了我的位置。

我：为什么要这样做？

紫砂壶：如果这个村子真有什么问题，我觉得自己有责任将它记录下来反映给社会相关部门，我是个爱管闲事的人。

我：然后呢？

紫砂壶：他们大喊着，从不同的方向向我狂奔而来。我完全是下意识的动作，转身撒腿就跑，头也不敢回，不重要的东西都扔了。

我：为什么半夜又选择回去？

紫砂壶：好奇，纯粹是好奇。

我：发现了什么？

紫砂壶：整个村子消失了，什么都没剩下，只有一些脚印，我下到村子的所在地才发现，村子里所有的房屋应该都是帐篷，他们对清除痕迹非常在行。

意外不断发生二：

我正在翻找这组采访的时候，突然传来了敲门声。

那女人顿时很紧张。

我小声地问她："要不要去开门？"

她努力地摇着头。

可敲门声很有耐心，一下又一下，我猛地联想起了千里风和小米说的那个发私信的人，"一条又一条的私信，从晚上发到早晨，每个新建账户可以免费发20条私信，于是20条发过，就会有一个新账户接着发。每个账户都有非常统一的名字、编号，耐心得让人头皮发麻。"

女人决定起来看看，看着她凝重的神色，我觉得她已经猜到了敲门的是谁。

我扶着这个女人，一步一步地挪到防盗门旁。她深深地喘了口气，我决定先看看到底是谁。在我把眼睛对准猫眼的那一刻，外面站着的人，微笑着摆了一下手。他一直弯着腰盯着猫眼看，看到屋里的亮光消失了一下，就知道来人了。

这是个长相白净、文质彬彬的家伙，态度很和蔼，看不出有什么特别。

女人把眼睛对在猫眼上看了一下，立刻双腿一软，险些躺在地上。

"是他。"女人重新躲回衣柜里，惶恐地说，"他是尸体处理者。"

"尸体处理者？"我重复着，"是他把你们从太平间领走的？"

"不，"女人摇摇头，"是他把村子里的死人处理掉，分给所有的活人吃了。"

"原来是真的。"我不禁惊愕道。

以前的采访二：

采访对象：

自由景物摄影师　紫砂壶

我：你是怎么又找到这个村子的？

紫砂壶：根据痕迹。这么多人集体搬迁，不可能什么痕迹都不留下，而且现场没有发现任何车轮痕迹。我认为他们是集体步行，就算他们走得快，我相信自己的脚力也一定能追得上。

我：你不怕遇到埋伏？

紫砂壶：坦率地说，当初纯凭着一根筋，什么都没想，现在我一直很后怕。

我：花了多久才找到他们？

紫砂壶：整整两天，我只吃了背包里仅存的一点饼干，摘了一些野果。他们的行踪很诡异，走的路线也让人意外。

我：为什么这么说？

紫砂壶：仿佛他们早就知道目的地，并且早就知道最简单的路线是什么，但故意绕了一个大圈。我想起当初在盲校拍照，盲校的孩子进了校门是没人引路的，他们都会按照自己每天都习惯的路线前行，我们看着可以走直线的距离，他们非要绕一个大圈才行。

我：或许是为了甩掉你？

紫砂壶：或许是为了迷惑所有人。

我：然后你看到了什么？

紫砂壶：这一次又是接近傍晚。所有人的行动非常统一，在极短的时间内，就搭建完了整个村落，然后所有人向着落日祷告。这一次所有人的神色很凝重，因为我正在落日的方向，能看到每个人的脸。在他们祷告完了之后，我看到一个全身白色的人出现了。

我：白色？

紫砂壶：大概是一种特殊的工作服。他带着两个村民一起出现，两个村民抬着一副担架，担架上放着一个怪物。

我：什么意思？

紫砂壶：离得远，我看得不是很清楚。担架上放着的东西，是人体的模样，但是比人体复杂得多，你分不清哪是头，哪是躯干，整个东西的身上，长着很多奇异的……说不清，我唯一可以确定的是，担架上的这个东西是赤裸的，浑身上下大部分都是肉色的，间或有些黑色或者白色的斑点。

我：然后呢？

紫砂壶：所有人围着他，又做了一次祷告，然后所有人像在食堂排队一样，拿着饭盒一个一个绕着走。一身白色的人拿着个工具，从怪物的身上往下割着东西放到每个人的饭盒里，等到所有人都分完，那个怪物身上的大部分奇异的东西都消失了。这次我比较确信，剩下的是具类似于人的躯干，躯干是深褐色的，带点血色的深褐色。那颜色也很奇异。

我：这就是他们的晚餐?

紫砂壶：我想是的。一个一身白色的人将躯干装进一个黑色的尸体袋中，拖着一辆小车，带走了。

我：你没去跟踪他?

紫砂壶：跟了，但是跟丢了，并且，我连回去的路都找不到了。确切地说，他把我领到了马路边，看来他并不想伤害我。后来，我再也没找到过那个村子。

意外不断发生三：

敲门声一直没有停息。

我非常担心。

这敲门声就像丧钟一样，嗒嗒，嗒嗒，让人的脑子里始终绷着一根弦，紧紧的。

我担心屋子里的女人早晚会崩溃，也担心邻居们会因为这个行为怪异的家伙而报警。

对紫砂壶的采访最终也没有发在报纸上，因为除了一两张模糊不清的照片，再无任何资料。我们不能因为一个人的描述就刊登，何况他说的那么像梦话。

门外的这个人是怎么找到我家的?会不会自驾俱乐部的人出了什么意外?

应该不是，或许是他们一直被跟踪，顺道就跟踪了我。回家的路上，我一直满怀心事，根本没在意身边的任何事。

我正想着，衣柜里的女人突然开始抽搐，伴随着抽搐，她的身体开始变得越来越紫。

“呵呵，”她苦笑了一下，“我快要死了。”

“你究竟是死人，还是活人?”我慌乱地问。

“活死人?呵呵。”

她的讲述二：

我是一个病人，子宫癌，查出来的时候就是晚期。

其实，我今年才32岁，得这么严重的病属于很特例的情况，大夫说。这是因为我从小月经就不正常，而且男人太多。

呵呵，我只是贪玩，年轻时走马观花，什么都想试试，不想着急结婚。过了25岁爱上一个有妇之夫，过得很迷茫，为他流了几次产，还是分开了；再到30岁，饥不择食，是个男人就行。太轻易地把自己的身体交出去，不但没有换来婚姻，反而落得这个下场。

癌症晚期，存活的概率很低，而且，我们家里也没有多少钱。

我的爸妈受苦很多年，我不想因为自己的作孽，让他们刚刚开始好转的生活重新变得贫困，反正这么多年他们为我操了很多心，我死了或许是好事儿。

于是，在医院里，我几次寻死，跳楼被拦了，割腕被救了，反而弄得爸妈更揪心。我们一次次地相拥落泪，简直成了医院里的笑话。

也就是在这个时候，有天深夜，疲惫的老妈实在困得不行，睡得很沉。有个一身白衣的人走了进来，我以为他是大夫，结果，他说，他不是。

他很直白地问我，想不想继续活下去？他不敢保证我益寿延年，但至少能保证比现在活得久。

我很好奇。

他说，要先死后活。

那时的我想法很单纯，能死就行，活不活得来，无所谓。

我答应了。

他拿出一根针在我的胳膊上扎了一下，很快我就闭上了眼。

等我再次有意识的时候，已经躺在冰冷的太平间里。爸妈在我耳边哭，可是我睁不开眼，也没法说话，然后我就被推走了。

再醒来时，我已经到了那个村庄。

所有人都跟我穿着一样的衣服，村子的空气很好，吃的东西虽然全是蔬菜，但是非常新鲜。有个大妈带着我干活，我很好奇地看着每个人，每个人都有些奇怪，不是这里多一块，就是那儿多一块。

那天晚上，我第一次看到了自己肚子上的变化。

真的很奇妙，肚子上红润润的，有点发紫的颜色，长了很多细小的绒毛，手抚摸上去，软软的，暖暖的，不痒不痛，即使揪下来，也没有感觉。

我将那绒毛拿在手中仔细地观看，觉得它不像丝线，而像生物，活生生的感觉。

从那天起，我的肚子越来越大，鼓成一个球，肚子上的绒毛越来越粗，越长越结实，矮矮的，摸起来的手感依旧很软，富有弹性。

我悄悄地问过别人，这究竟是什么。他们说，等过些日子，你或许就明白了。

于是，我就跟着他们，每天重复一样的刻板生活。

直到有一天，村里有个老人死了。

那时候，我不知道自己已经活了多久，但至少，比医生当初告诉我的日子要长了很多。

老人死的那个傍晚，我们又在一起祷告，然后穿白衣的男子又一次出现了。

他微笑地看着我，看着我们所有人，我们围成一个圈，他站在中间，两个村民将那个死去的老人抬出来，摆放在我们中间。

我惊愕地发现，老人赤裸的身上长满了一块块巨大的肉色肉块。那个白衣男子拿着一把奇怪的刀子，一下一下地切割着那些肉块，既不流血也没创伤，切口的伤口跟表皮颜色一样，这些肉块被均匀地分到每个人的碗中。

我看着自己碗中的肉块不知所措，身边的人已经开始大快朵颐，这实在是让人恶心的画面，但是这块看起来生嫩的肉中竟然飘出了一股奇异的肉香，它挑拨着我最原始的饥饿感。

我好奇地问旁边的人，这究竟是什么。

他告诉我，这就是肉菇，我们每个人都会是这样的下场。

意外不断发生四：

“原来一切都是真的。”我难以置信地点点头。

“对。”她说。

“那你吃了吗？”我问。

“吃了，味道非常鲜美，让人难以忘怀。”她点点头。

“我很奇怪，”我不解地问，“为何白衣人不告诉你这一切？”

“知道了又能怎样？”她淡淡地笑了笑，“想想那些从没出生过的婴儿，我们活着，长大，经历过很多美好，30岁、50岁、80岁，又有什么区别？太多的人死了，死的原因都是欲望，我在那个村子里，得到的最宝贵的财富，就是无欲无求。可惜，最终，我还是没有躲过这道心魔。”

“你所争取的，都是你该得的……”我说。

“没有什么应该，真正应该发生的是，我早就死了，”她有些幽怨地说，“其实我根本没有怀孕，我的例假从小就不正常，在跟那个男人偷情之

后，例假停了好久，我就骗自己说，我怀孕了。其实，子宫癌晚期，根本不可能的，但那时候我已经活了很久，身体也没有任何异样的感觉，我多么想是真的，哪怕只有万分之一的可能，我也想试一试。”

“既然如此，为何不去医院，也不去警察局？”我问。

“在逃跑之后的第二天，例假就来了。我迷路了，也回不去村子，本想躺在路边等死，没想到被救了。我这样的身体，去医院只有一个结果，变成试验的标本，”女人顿了顿，“我之所以答应跟着车队进城，只是想找到一种家的感觉，可以死得安详一点，别无他求。”

我愣了愣，不再说话。

“村里的老人们说，离开就会死的，没想到啊，死亡来得这么快。”说完这句话，她就再也不动了。

没想到，死亡来得这么快。

我盯着她，不知道该如何是好，外面的敲门声依然绵绵不绝。

我伸手去触摸眼前这个女人，摸着她已经变成紫色的胳膊，她的胳膊已经开始浮肿，一点点隆起来，那种感觉很软很滑，说不出的滋味。我大着胆子掀开她身上的浴袍，第一次看到了她的肚子，真真切切的瘤子，在膨胀的肚子上，一块一块巨大的肉柱紧挨着，柔软，富有弹性，可怕而奇妙的人体结构。

出于惊慌，也因为心中有很多谜团需要释怀，我走过客厅，打开了房门。

终究是谜团

文质彬彬的男子进门后，并没有过多的客气，他去看了衣橱里的女子，然后对我说：“我要带走她。”

“可以，”我说，“但是我有很多疑惑需要解答。”

“我可以带你去那个村子。”他看了我几眼之后，这样说。

于是，我看着这个男子将女人赤裸着装入准备好的袋子中。女人的身体越来越膨胀，那些肉质一般的组织生长得如此迅速，让人惊愕。

我帮他提着袋子，下楼，坐车，一路出城，绕了很多山路，我说这个村子真是难找。那男子告诉我，有两点，一是这种奇异的人体走上社会，会引发不必要的社会恐慌；一是甘于生活在村

子里的人，不希望被打扰，被外人发现一定会搬家，这个村子已经搬了太多次家。

终于看到一个满是帐篷的村落。村子里有很多人，老老少少，初一看到我，有些惊慌，但看到与我同来的男子，很快就安定下来了。

在一顶空闲的帐篷中，男子帮我换好一身白衣，将装着女人身体的袋子放在一块透明的桌案上，拉开拉链。赤裸女子的身体已经变成另外一副模样，浑身上下长满了密实的肉柱，一簇一簇的，多数是肉色，少数是黑色或白色，有些肉柱的顶端还有肉苔，像一大堆茂密的蘑菇。

“她已经不是人，她已经变成了地道的肉菇。”白衣男子说着，拿一只小刷子在这些肉菇上面到处洗刷着，“我要给她消毒，把她变成美味佳肴。”

“肉菇？”我惊讶地重复道。

“是的，简单地说，她的体内被种植了一种以吞噬人肉组织为生的真菌类生物，”白衣男子指了指其中一块，对我说，“喏，相当于蘑菇的一种，种植于人的体内，开始不停地繁殖、生长。它们的养分就是人体内的各种人肉组织，癌变的细胞、肌体、淋巴结、器官……都是。”

“为何她活着的时候这东西长得没这么快？”我纳闷地问。

“需要抑制，村庄里所有人吃的蔬菜，都含有抑制的因子，所以，一旦脱离这个环境，肉菇就会疯长，人很快就会死亡。”他好像已经做完了自己的工作，“这个村子里的所有人都是癌症晚期，都已无药可救，他们自愿接受了这样的生存方式。”

“谁会甘于这样的生活？这样活着有什么意义？”我摇着头表示不相信。

“你活着有什么意义？医院里痛苦的病人们活着有什么意义？如果大家都不这么渴望活着，医生还有存在的必要吗？实际上，能接受这种生活的人的确很少，所以我们只是个小众群体……”

“可终究会死……”

“身体总有耗完的那一刻。”

“然后就被活着的人吃掉？”我依然表示费解，“为什么要吃？”

“肉菇是生物，在各种充满癌细胞的肌体中都可以生存，我们都相信，它是抗癌的最佳食物。”白衣男子充满了自信，“所以，自从他们接受了这种生活的那一刻，他们就不再是人，而是一个个人体培养皿，培养着各种味道的肉菇，自己存活的同时，也在帮助别人，等到人皿死去的那一刻，他们身上全部是我们丰收的果实。每个人都一样，公平是最伟大的社会准则，没有人会反对。”白衣男子点点头，“我们该出去了。”

尾 声

又是傍晚。

我第一次感受到村民们的虔诚。

他们磕头跪拜落日，然后围在我们的周围，嘴里默念着祷告的词语，每个人的脸上都充满了忧伤，人死了总不是好事，这就是他们的未来。

白衣男子将肉菇一点一点地切割下来，分给每个人，他们默默地吃着。我的心中依然有很多谜团，但我看到每个人脸上都是安详自若的神情。

他们都是癌症晚期的病人，他们只是在等死，只是想死得不那么痛苦，没那么多眼泪。

我问白衣男子，为何肯带我来这个地方。

他笑笑说，只有来了，看到了，你才会相信我说的都是真的。

我又问，自驾车队队长的手上也长出了绒毛，他会不会有什么危险?

白衣男子还是一笑，说，放心，这个女人不是第一个逃出去的，也不会是最后一个。我们有一套处理的办法，他会没事的，所有人都会没事的。

我接着问，究竟是谁发明了这种肉菇?

他摇摇头，说他只是个执行者，他之所以在这里服务，是因为他的家人现在都在这个村子里，遗传病史，无路可逃。

说完这些，他递给我一块肉菇，让我尝尝。犹豫了半天，我终究还是拒绝了。

第二天回到城里，我在报纸上发表了一篇报道，说这些天风传的神秘女人事件纯粹是谣传，什么都没发生，大家不必恐慌。

这是最好的结果，对活着的人和等死的人，都好。

我是记者，希望看到社会安定、所有人都安详，仅此而已。▎悬疑志

复活大厦之不可告人

文\漆雕醒 图\花葬

1

林悦郁闷地看着手机上的时间，23点55分。

四部电梯同时静止在二楼，已经过了五分钟了，它们似乎打算就这样继续停留下去，大有要在那里过夜的趋向。

林悦终于失去了耐心，她决定从楼梯间走下去——第十六层已经空无一人，她是整个公司加班到最晚的人，白晃晃的灯光使得走廊更加空旷，不知道从何而来的穿堂风来来回回地巡游，她那穿着丝袜的小腿冷得发颤。

加班是她主动争取来的——她进公司刚三天，正是遍寻机会表现的时候——大家都很乐意成全她。

这是一份失而复得的工作，她不得不加倍努力。

其实在一周前，她接到了人事部经理曾敏拒绝录用的电话，当时她很失望，因为原本她还以为曾敏对她很有好感——至少是同病相怜——曾敏和她的经历很相似，父母因意外去世，失去了经济来源后不得不半工半读，毕业后还要拼命工作，供自己的弟弟读大学。

林悦记得她在叙述这些经历的时候，曾敏甚至红了眼圈，说她相信林悦的这段经历会使她在事业上更有动力，曾敏还说很看好她，但结果大出意料。

“我们也没想到会发生这种事，其实我早该注意到的，她的一些行为在之前就不太正常了，总是精神恍惚，说一些莫名其妙的话，”孟欣欣擦了擦眼泪，“她给你打电话的时候，你有没有觉得有些不太正常的地方？”

曾敏的那个电话的确很奇怪。

林悦不是第一次被公司拒绝，一般来讲，对方都有一套固定的说辞，比如：

“我们很遗憾地通知您，您没能通过我们的面试，您与公司目前的要求还有距离……”

“虽然我们觉得您是一个不错的人才，但我们这次的名额有限，我们只能择优录取……”

“感谢您来参加面试，希望下次有机会合作……”

诸如此类。

但是曾敏的回复却完全不同，她逻辑混乱，语气犹豫，一点也不像林悦第一次见到的那个精明能干的女强人。

“对不起，我知道你很想得到这份工作，这对你很重要，唔，但是，我不能……你很好……真的很好，但是这儿……真的不适合你……找其他的工作吧，你会找到的……真的很对不起……啊？原因？这个……我想……就这样吧……”

曾敏在打出这个不专业的电话后的第三天，就从她的办公室的窗户跳了出去——十六层的高度，她不打算给自己生还的机会。

“我参加了你的复试，很满意你的能力，我不知道曾敏为什么拒绝你，但是很明显她犯了个错误，当然这也不能怪她，也许她根本不知道自己在做什么。不管怎么说，我现在急需一个助理来帮我，有太多的事情需要处理。”

孟欣欣这样对林悦说——她以前是人事副经理，现在成了部门负责人。

于是林悦得到了她一直想要的工作

机会。

在这家公司上班，每月可以比她之前那家公司多拿800元——这样一年就是9600元，这笔钱可以让她和弟弟林小乐的生活不至于太过寒酸；她可以多买两件上得场面的衣服，林小乐也可以少打一份零工，把精力多用在学习上。他读的是医学院，她希望他能以最优异的成绩考上研究生，然后成为一名医生——那么，生活就会按照她和他的期望变得美好起来……

但是，从某种意义上来讲，如果曾敏还活着，那她就得不到这份工作——这真是有些残忍。林悦一面想，一面往楼下走，她不喜欢下楼，这些下行的阶梯有种令人沮丧的感觉，让她的心情变坏了。

她已经到了第九层，还剩下一半的路。她走出楼梯间，又瞟了一眼电梯——它们依旧在二楼熟睡，于是她只好继续她未完成的苦行。

"嘻嘻！"

楼梯间里忽然传来两三个女子的笑声，在这个筒子似的空间里还被添上了共鸣音。

是其他公司加班晚归的人吗？

声音是从楼下传来的，林悦急步小跑着下了几层楼，期望能追上她们。从这栋写字楼大厦到最近的路口去打车还有一段路，现在已经是半夜，有人同行当然更安全。

声音离她越来越近了，但她还是看不见人——甚至听不见脚步声。

已经是五楼了。

林悦怔住了——她意识到情况有些诡异。

"嘻嘻！"

"哈哈！"

"呵呵！"

笑声，一直是笑声，声调不同，来自不同的女人——但是她们只是笑，没有说话——哪有这样的交流方式？！

她的脚开始抽筋了——说不清是因为害怕，还是因为寒冷。

林悦扶住了楼梯。

笑声戛然而止。

一阵寒意沿着林悦的脊背攀爬着，林悦猛地回过头，看见一个穿着职业套裙的女人正站在她的身后。

林悦尖叫起来！

女人是曾敏——已经死去的曾敏！

她穿着黑色的职业套裙，张开嘴，

似乎想要说话，但从她嘴里冒出来的是一股散发着恶臭的黑色黏液。

“不！不！不要过来！求你！”林悦的声音颤抖而微弱，已经完全失去了体力的支持。这时候林悦忽然感到脖子上一阵剧痛，紧接着，一些滚烫的东西落在了她的肩头。林悦伸手一摸——立刻满手鲜红。

曾敏慢慢地走近林悦，伸出手指笔直地指着她的脖子。

林悦摸着脖子上的痛处，那里正汩汩地喷出液体——她的手指抽搐了一下，整个人倒在了地上——她终于明白了——她的颈动脉被割断了……地面、墙面、衣服上全是她的血！

曾敏的脸消失了。

弟弟林小乐的脸出现了——她看见他在哭。他跪在地上，不，应该说是跪在一座墓碑前，黑色碑面上赫然刻着她的名字：林悦。

“姐姐，你回来，别丢下我一个人，求求你，你回来呀！你说过，我们要一起为将来奋斗的，我们要买大房子，我要给你买好多漂亮的衣服，别丢下我，求你……”

“我不能死！”

林悦大叫一声，睁开了眼。

门开了，灯亮了，林小乐冲了进来。

“姐，你怎么啦？”

林悦发现自己正坐在自己的小床上，背上冷湿一片——全是她的汗水。

她恍惚地看看林小乐，又看看四周——是的，这是她的房间——只有四平方米，只能塞下一张小床和一个简易衣柜——事实上这只能算半间房——由一块木板把一间八平方米的房子从中间隔开，做出两道门来：一半属于她，一半属于林小乐——勉强可以满足两个独立空间的需求，而她也能支付得起这小小空间的房租。

这就是她和弟弟林小乐的家，他们在这里已经住了两年。

林悦看着门背上挂着的手提包和她的白色职业套装——正是她穿去上班的那一套，干干净净，没有任何被污染的迹象。

“是噩梦吗？”林悦问着自己，下意识地摸了摸自己的脖子。

然后她怔住了——脖子上赫然有一道突起——没有疼痛，但却清晰可辨，手感似乎像是一个已经完全痊愈了的疤痕。

“姐，你没事儿吧？！”林小乐狐疑地观察着脸色发青的林悦，他不敢靠得太近，因为林悦只穿着背心——她虽然是他的姐姐，但毕竟还是一个女人。

“你出去吧，我没事……只是个噩梦。你早点睡，明天还要上课。”林悦压抑着心底的恐慌，把林小乐赶出了房间。

她在镜子里看到了它：

大约有三四厘米长，发白的肉芽拉成一道凸起的脊，周围环绕着淡粉色的皮肤皱褶——像一条粗糙的拉链，丑陋地狞笑着。

它位于她的颈动脉搏动处，她还记得她的生命正是从这里离开的。

它在这场噩梦之前从未存在过。

那么，还是噩梦吗？

林悦坐在床上发呆，她还记得那种血液慢慢流尽，任凭肉体逐渐衰弱死去的恐慌和无助——死亡是如此真实——真实得让她现在依旧战栗不止。

可是如果自己死了，又怎么会回到家里？她是怎么回来的？——完全没有印象。

如果自己没死，那么又怎么解释脖子上这一道来自死神的烙印？

天边，慢慢泛起青白色，像睡眠不足的眼。

林悦用手摸着自己的脸，她的脸感到她的手是冰冷的，而她的手也感觉不到脸的温度——像两块没有生命的石头在相互接触。

3

林悦站在新世纪大厦的楼下。

她呆呆地仰视着它——三十九层楼，一百多米高，像一座她永远也无法攀登到顶的大山。

它俯视着她，这个庞然大物的影子就可以把她埋葬。

她低下头，提着手袋走进大厦——这是她上班的地方，如果她没有在这里死去，那么就要在这里工作下去——不死就要工作——林悦为自己感到一丝悲哀。

电梯前围着赶着上班的工薪族们。

四部电梯正在精力充沛地上上下下，似乎没有什么可以让它们感到疲倦。

林悦沉默地站在一堆喧哗之中，他们谈论着天气、球赛、电视、明星八卦……没有人知道她的噩梦，没有人留意到身边的这个女人脸色惨白、心神恍惚。

电梯在五楼停下的时候，林悦打了个寒战，她往里缩了一步，同时下意识地摸了摸脖子——她系了一条蓝色的丝巾，挡住了伤疤。

她紧张地看着电梯门打开，两三个人走了出去，一开一合之间，没有惊叫，没有混乱，没有警察，没有医生……如果她真的死在那里，如果她的血还残留在那里，那么此刻就不应该如此平静。

林悦走进公司大门，前台的于小雅冲她展了一个美丽的微笑。

“早上好。”

“早上好。”

林悦有些佩服于小雅，据说她就是那个亲眼看见曾敏从楼上跳下去的目击者，经历了这样的事，居然还能若无其事地上班，实在有些不可思议。

林悦回到座位上，孟欣欣从经理办公室里走出来，手里拿着她加班时整理出来的文件，面带笑容：“做得很好！”

她的努力得到了认同——她的目的达到了——可是她现在真希望孟欣欣手里拿着的是其他东西——这样便可以证明她昨天并没有在这里加班，她就可以把一切都解释为一场荒诞的梦。

八点五十五分，离上班时间还有五分钟。

林悦跳起来，冲进了楼梯间。

五楼。

弥漫着一大股消毒水的味道。

一个女清洁工正在仔细地擦拭着楼梯扶手。

雪白的墙面、干净的地面……林悦下意识地看了看自己的白色职业套裙——它们和它一样干净，然而林悦的心脏依旧紧缩着。

“哎，请问，是这样，我昨天走得晚，掉了一只耳环，请问你打扫卫生的时候，有没有看见啊？”林悦试探性地问着女清洁工，后者头也没抬。

“没看见。”

“啊，没事儿，也许落在别的地方，我就是随口问问……你们清洁工作做得好彻底啊，为什么地面还消毒啊？是不是有什么脏东西……”林悦继续着，“我昨天走的时候，好像看见这里有好大一摊血来着……”

“血？哪儿来的血啊？”女清洁工狐疑地打量着林悦，“这儿是写字楼，怎么会有血呢？！你看花眼了吧？”

“我真的看见了，”林悦咬着牙，“要不然，你们干吗消毒地板啊？”

“切！”女清洁工用鼻子哼了一声，“地板扶手天天都要消毒！鞋子多脏啊，天知道从外面带了什么进来。还有手，摸东摸西的，又来摸扶手，不消毒能行吗？”

女清洁工一面说，一面提着水桶往楼上去了。

看来她是真的没有看见什么血迹。

那么一切真的都没有发生过吗？

林悦摸着自己脖子上的伤痕——但这个又怎么解释呢？

林悦在厨房里心不在焉地切菜，菜刀滑到了食指上，割出一大条口子。林悦手上的刀落在了地上——不是因为痛苦，而是因为震惊。

伤口里没有血。

两三毫米深——这样的伤口，应该血流如注，可是现在，只见淡白色的肉皮略略翻开，从里面渗透出淡淡的寒意和冷漠。

林悦使劲挤压伤口，然而一滴血都没有冒出来——她也感觉不到疼痛。

林小乐听见动静，跑进了厨房。

“姐，你怎么啦？！”

林悦藏起食指：“没什么，不小心把刀掉地上了。”

“手没事吧？有没有伤着？”林小乐关切地要过来察看林悦的手。

敲门声响了起来。

“我没事儿！”林悦逃命似的跑到门口，打开了门。来人是邻居孙强，他将一大袋米扛进了屋子——他是附近超市的营业员，每次都是他把林悦买下的大米亲自送上门。

孙强对林悦和林小乐总是格外热情和殷勤，林悦察觉出那源自某种好感——其实他长得还算高大帅气，正是林悦喜欢的那一类型，可惜职业太卑微。

林悦留下孙强吃晚饭，说不清什么原因，她突然感到自己害怕一个人面对弟弟林小乐。

饭菜很香，两个男人在餐桌上狼吞虎咽。

“你怎么不吃啊？”孙强一面大快

朵颐，一面疑惑地看着林悦。

“我晚餐禁食，减肥。”林悦撒着谎，事实上她从早上开始就一直没有进食，因为她一直没有饥饿感。奇怪的是，她的精神和体力并没有因此而减弱。

“女人就是爱自找麻烦。”林小乐叹了口气，摇摇头。

“嘿！”孙强乐了，“错了，你姐姐这样的简直人见人爱，多好养活啊！”

林悦没有生气，也没有被逗乐，她打了个寒战。

半夜，林悦听到隔壁传来林小乐的呼噜声后，便从床上摸了起来。她打开灯，从枕头下拿出水果刀，深吸了一口气，然后朝自己的手臂割了下去。

表皮层、真皮层……筋膜、神经、肌肉——林悦停了下来——她知道即便切到骨头，结果依然是一样的：

没有血，没有痛。

被它割破的地方像一张冷笑的大嘴。

林悦看着它发呆，思维似乎全被它吞噬了。

第二人民医院。

林悦挂了外科的号，坐在候诊室里等待着。

不断有人进出伤口处理室：捂着流血的伤口、皱着眉头，或呻吟或哭泣……

林悦忽然有些羡慕那些人，在来这里之前她在自己的房间里哭了很久——但是当她从枕头上抬起头来的时候，发现枕头竟然是干的。

她失去的不仅是血液，还有眼泪。

林悦摸着自己的手臂，昨夜的伤口其实已经长好了，然而和脖子上的伤疤一样，难看得像一个拙劣裁缝在匆忙间缝合起来的——这是一个非常恰当的比喻，林悦觉得自己的身体也许现在就是一件衣服。

也许这个伤疤以后都不会有任何改变了，这让林悦感到有些懊恼，她觉得自己应该选择一个更隐秘的地方。

这也许是某种怪病，林悦想，因为她依然有脉搏、有呼吸、能行动、能思考——而这些绝对不应该属于一个死去的人。

这个世界上有各种各样的怪病，也许这些见多识广的医生可以给自己一个解释。

林悦走进诊室，接待她的是一个年轻的男医生。

“不可能！”听完林悦的叙述，男医生脱口而出，他看着林悦胳膊上和脖子上的伤口，“长成这样起码需要一个月，小姐，这里是医院，最好不要开玩笑……”

林悦叹了口气，她拿出刀，朝着原来的伤口刺了下去。

男医生和他旁边的护士都惊叫起来——不仅是因为林悦的动作，更因为他们看到的结果。

——伤口再次被割开，但是却没有血液流出来。

诊室的门开了，露出几个探头探脑的好奇者。

男医生惨白着脸，将门一把关上。

“这，这个……太不可思议了……太不可思议了！”他喃喃地重复着，像一个中了邪的人，而那个护士看上去几乎要晕倒了。

这一切都让林悦感到失望，她意识到自己可能犯了第二个错误。

“我建议你做一次全身检查！”男医生开始开化验单，他实在太紧张了，以至于连续写错了三张单子。

他眼里的兴奋让林悦不寒而栗。

林悦拿着检查单，飞快地走出门，她在电梯口将它们撕碎，扔进了垃圾箱。

这时候，男医生从门诊室里跑了出来。

电梯还没有来，林悦转身朝楼梯间跑。

“请不要走！你还没做检查呢！”男医生立刻追了上来，后面紧跟着那个护士。

“李小丽！李小丽！”她也大喊着——那是林悦用的化名。

蹬蹬蹬蹬！

林悦冲下楼。

哐哐哐哐！

男医生跌下楼。

他的头撞到墙上，血从额头蔓延下来。

破碎的眼镜挂在鼻梁上，眼睛睁得老大。林悦颤巍巍地摸到他的鼻下——他已经停止了呼吸……

啊——

紧随而至的护士发出尖叫。

林悦惊骇地看见她的嘴里喷出了一大口鲜血，然后她直挺挺地向后倒去！

人群朝这边拥来，林悦在惊骇与混乱中跑出了医院。

他们死了！

他们死了！

他们死了！

林悦在大街上像疯子一样狂奔，两个死人的脸在她的大脑里颠簸着。

过了很久，她终于把混乱的思维整理出一条线：

他们追她，是因为他们想留住她，不，应该说是想抓住她——可是他们失败了，莫名其妙地丢掉了性命，就好像，好像……

林悦打了个寒战，迫使自己把这个念头继续：就好像某种神秘的力量阻止了他们！

“嗨！林悦！”

孙强从超市里跑了出来，迎上失魂落魄的林悦。

“你怎么了？脸色这么难看？”

林悦下意识地摸着自己的脸，她的眼前闪过纸白色的自己——像一个死人。

“没什么。”她努力藏起她的惊慌。

“有件事情要跟你说，很重要。”孙强把林悦拉到了一条僻静的巷子里，他从衣袋里摸出了一个红色小盒子。

林悦更加慌乱了：“不，不，孙强，现在不是时候……”

“听我说！”孙强严肃地打断了她，同时打开了盒子，但他从里面拿出的并不是戒指，而是一面小小的镜子，上面印着八卦纹饰。

孙强把镜子面对着林悦，并移到她的左边。

“看着镜子！你看你背后是什么？！”

林悦往镜子里瞟了一眼，发现在自己的左后方站着一个女人的身影。

曾敏！

她正直直地看着自己这个方向。

林悦吓得几乎跳起来！

孙强捂住了她的嘴：“镇静，镇静！告诉我，你是不是认识她？”

林悦点点头。

孙强放开手，然后压低声音说：“从那天吃饭的时候我就觉得你不对劲了，你看起来就像是中了邪一样。我爷爷以前是算命的，这个镜子是我家传的，它可以看到那些，那些……东西，所以我就把它找出来，果然用它看见了这个女鬼，我发现她一直跟在你后面……”

是的，是曾敏！

林悦恍然大悟，一切都是她所为。她跳楼而死，她的鬼魂在大厦里游荡……据说所谓的鬼魂不过是人的大脑残留在人世间的脑电波，在特定的情况下会与活人发生频率影响，从而让人产生各种幻觉。

死亡、伤疤——这一切都是她制造出来的幻觉，她跟着自己，她不但让自己产生了幻觉，也让那对医生、护士产生了幻觉……所以他们的死才会那么蹊跷——他们是在幻觉中死去的！

问题是，她为什么要这么做？

她和自己无冤无仇，自己和她不过只见过一面而已，她为什么要这样折磨自己？

“你说她在死前就已经精神不正常了？”孙强皱起了眉头。

“大家都这么说。”林悦点点头，“可是她为什么要找上我？”

“也许因为你和她的经历相似，也许什么也不为，只因为她已经疯了。灵魂是精神的产物，如果她死前精神失常，死后也不见得会好多少……不管怎么样，这个问题必须解决，”孙强沉吟片刻，把嘴凑到林悦的耳边，“我认识一个高人，他应该可以作法收了她。”

“收了她？！”

“就是用一个法器和一个符咒，把她的灵魂关起来，这样她就没有办法来害你了。”孙强小声地解释道。

“永远关起来吗？”林悦瞟了一眼镜子中的曾敏，她没有任何反应，她的灵魂看起来也是恍惚而迷糊的。

是的，她怕曾敏的鬼魂，也怨她，可是永久地囚禁她的灵魂——那可是一个和自己有着相似经历的女子。她是一个孝女，从高中起就照顾生病的母亲直到后者去世，然后又拼命工作，把自己的弟弟送出国去深造——她为此付出了全部青春，失去了恋爱的最好时机，所以现在只能把所有的感情寄托在工作上……沮丧、孤独、压力……不断地累积……也许正因为如此，她才会在功成名就的时候精神崩溃……那不是她的错。

“有别的办法吗？”林悦不忍地问。

“你真的很善良。”孙强叹了口气，“尽量超度吧，如果可以的话。但如果她的怨气很深，那么只能收了她，否则她会害死你！”

林悦张了张口，她原想告诉孙强她身体上发生的变化，但是她最终把这个秘密咽了回去。

她还记得那个医生和那个护士看她时候的眼神——像是看着老鼠、看着蜘蛛、看着蛇……总之，不像一个人看着另一个人。

那种眼神甚至比他们的死更让她害怕——她不想让同样的眼神出现在孙强的眼里。

更何况，如果曾敏的鬼魂被超度或是被收走，那么这些也许就会随着她的消失而消失，如果是那样，她又何必说出来呢?

6

深夜，林悦走在小巷里。

通过手里的小镜，她看见曾敏一直尾随在自己的身后。

她加快脚步走进了小区的大门，然后快速地跑进单元楼里，上到三楼，敲开左面第一间房的房门。

曾敏没有被甩掉，林悦看着她跟着自己进入屋子。

一步、两步、三步……

她停了下来，脸上露出惊恐的表情。她抬头看着天花板，一个用红漆刷出的圆形符咒正位于她的上方。

符咒射下一道白色的光柱，将曾敏罩在其中。

曾敏的嘴里发出了一声怒吼。

——像魔鬼在怒骂，像密林里被陷阱捉住的猛兽在咆哮——就是不像人类的声音。

“好大的怨气！”孙强口里的高人、这间屋子的主人——喻锋举着一个铜葫芦闪了出来，“她的怨气太深，没法超度！”

作出这个结论之后，喻锋的口里就喃喃念起了咒语。

曾敏的长发狰狞地散开来，她一面大叫，一面疯狂地扑向喻锋——但是她始终冲不出那道光柱……

终于她停止了挣扎，把脸渐渐转向林悦，并伸出手直直地指着后者，眼里全是怨毒。林悦禁不住倒退了一步，跌坐在地上。

与此同时，曾敏的灵体化做了一粒光点，光点飞出了光罩，进入了喻锋的铜葫芦里。

喻锋将葫芦口封好，长长地吐了口气，他身上的衣服几乎全被汗水浸透了。他狐疑地看着林悦：“你确定和她真的没有仇怨吗？她对你的怨气为什么这么深？”

林悦恍惚地摇摇头：“我不知道，

我跟她只见过一次啊！”

“把你的手给我，让我看看。”

“不用了。”林悦吓了一跳，本能地往后退着，她害怕眼前这个人看出她的秘密，也许他会把她也当做应该收拾的东西。

喻锋正要抓住林悦的手，忽然神色大变，捂住了胸口。他跌倒在地上，痛苦地翻滚着身体，却一个字也说不出来。孙强连忙上前扶起他：“喻锋，你怎么了？！”

林悦惊呆在原地——窗外，一个影子嗖地一下闪过去，像是一个女人的影子——她觉得那个身形有些眼熟。

“他那么年轻，那么健康，而且每天都健身，怎么会有心脏病？”孙强拿着报告单，既难过又纳闷，“心脏病会把一个人变成植物人吗？”

“你说他们家祖传都是做这个的？”林悦缓缓地说道，“是吗？”

孙强点点头：“他爷爷和我爷爷是好朋友，在这行里很有名的。喻锋天分极高，据说比他爷爷当年还胜一筹，我真不明白，他怎么会……”

“不知道是不是眼花了，他倒在地上的时候，我好像看见窗外有一个黑影……”

“啊！我明白了！”孙强一脸恍然，“做他们这行的会有很多仇家，而且都是那种最可怕的仇家，一定是其中一个，趁着他发功收鬼的时候，暗算了他！”

“哦。”林悦心神恍惚地应答，但是她的脑海里却闪过了两张脸。那个医生和护士，是在企图抓住她的时候丧命的；而这个喻锋，是在曾敏被收进葫芦以后倒下的，他是在企图洞悉她秘密的时候突然发病的——而且击倒他的是一种他从来没有得过的疾病！

这一切看起来，更像是某种力量在阻止别人发现她身上的秘密！

那股力量将毁灭所有知道这个秘密的人！

孙强把手放在林悦的肩头：“放心，喻锋很坚强，他会熬过来的……”

林悦跳了起来，她避开孙强诧异的眼神，拿起手袋心虚地说道：“快九点了，我要去上班了，我现在还在试用期，不能迟到的。”

她逃命似的离开了医院。

“恭喜你，鉴于你这七天来出色的工作表现，公司决定让你提前转正，还有，这是发给你的五百元勤工奖。”

林悦疑惑地看着孟欣欣递给她的红包：“试用期不是三个月吗？”

孟欣欣笑了：“你想申请延长吗？”

林悦拿着红包走出孟欣欣的办公室，心里没有一丝高兴——她有一种奇怪的感觉——正是这五百元买下了她的命。

她走到前台，于小雅正用裁纸刀做卡片。她的手抖了一下，刀子切到了她自己的无名指上。

林悦惊住了——于小雅的手指上没有血流出来。

伤口绽开，然后又迅速合拢成一条缝，最后消失在皮肤里——像是什么也没发生过。

林悦捂住了嘴，几乎要尖叫。

于小雅抬起她那美丽的头颅，看了林悦一眼，嘴角露出一丝奇怪的笑容。

“再过一段时间，你也能做到。”于小雅说。

林悦的脑子轰然一炸：“你，你也……”

于小雅把食指比到自己的嘴唇上，眼神瞟到了不远处一个正在填写简历表的年轻男孩身上。她压低声音：“嘘——今天有新人来呢！记住，对任何人都不能说。唉，今天晚上我又有的忙了。”

“原来是你！”林悦浑身颤抖，“原来是你！”

于小雅是曾敏跳楼的目击证人——也许曾敏根本不是真的跳楼，而是被于小雅害死；那天晚上袭击她的人也根本不是曾敏，她的灵体站在对面，她是来警告自己的，当时她手指指着的就是那个真正的凶手——就是现在在她眼前的于小雅！还有，林悦忽然想起来，前一天晚上在喻锋家窗外出现的那个影子——就是于小雅的影子啊！

原来她一直潜伏在这家公司里，利用职务之便，招聘新人，然后……

“上班时间不要闲聊！”孟欣欣表情严肃地出现在两人的身后，她颇为不满地看了于小雅一眼，“你在做什么？”

于小雅俏皮地吐吐舌头，立刻换成了一脸无辜状：“我在给新员工做通讯联络表啊！”

“用心点。”孟欣欣转过头，看着身体摇摇欲坠的林悦，“你不舒服吗？跟我进办公室一下，我要跟你谈点事。”

林悦跟着孟欣欣走进了办公室。

“你是新人，所以我可以原谅你不懂规矩，我现在就要跟你讲讲规矩……”

“可是孟经理，于小雅她……”

“她怎么了？”孟欣欣办公桌后坐了下来。

林悦犹豫了，如果她说出了于小雅的秘密，也就等于说出了她自己的秘密，那么结果会怎样？她会失去这份工作，她会被当做怪物，会有更多的人想要抓住她，或是消灭她……

“这就对了，三思而后行。”孟欣欣意味深长地注视着林悦，“说之前先想想后果，就会避免很多不必要的麻烦。”

林悦震惊地看着孟欣欣，后者的脸上也出现了于小雅一样的笑容：“欢迎你成为我们的一员。”

“现在我们是少数，他们是多数，当不被多数人接受的时候，我们就需要保守自己的秘密。”孟欣欣继续说道，“这是生存策略，虽然，像我们这样的人很难再死一次，但这种情况还是可能发生，比如说，当遇到像喻锋那样的人。”

林悦掐住自己的喉咙，她已经惊骇到完全说不出话。

“是的。”孟欣欣点着头，“你死了，我死了，我们都死了，也都复活了。”

“这，怎么可能？！”林悦终于挤出了一句话。

“这栋大厦有一种神秘的力量，是它给了我们新的生命。”孟欣欣说道，“重生的感觉怎么样？”

“觉得自己像一个怪物。”林悦想哭。

孟欣欣哈哈大笑起来：“这是因为你还没有适应，你很快就会发现，新的生命比旧的要好太多了。不会再有疾病，不会再有痛苦，不会再有饥渴，不会再有寒冷……不会再被肉体束缚，不会再被它的需要奴役，就像那句古话说的，‘它只是你的皮囊’。”

“为什么选我？”林悦颤声问，“为什么要杀死我，为什么又要让我复活？”

“你不觉得这是一种幸运吗？”孟欣欣反问之后，又说，“不是每个人都像你一样幸运的，别老想着你失去了什么，那些不值得你留恋。想想看你得到了什么，想想看你能做什么。”

“为什么现在才告诉我？”林悦又问。

“因为是时候告诉你了。”孟欣欣说道，“如果按照传统的说法，今天你刚过头七。七天，是一个考验数值，你能留下来，是因为你想留下来，你之所以会复活，也是因为你想复活，你不想离开这个世界，首先是你的心想要复活，所以你才能够复活，否则我们再做什么都是枉然，记住，这是最关键的一点。”

孟欣欣伸出手，抽掉了林悦脖子上的丝巾，她摸到了后者的伤疤：“放心，再过一段时间，你就会拥有力量让它消失了，这会是一具完美的皮囊。”

“如果真像你说的那么好，为什么曾敏会死？！”林悦发着抖，后退了一步。

“因为她破坏了规矩。”孟欣欣的脸变得严肃起来，“她想阻止你进来，她还想把秘密说出去，我们不得不惩罚她，收回她得到的一切。她没弄明白一个道理，也许她现在是异类，但是当我们的人数越来越多，那么别人才是异类，新的世纪将会来临……”

原来，曾敏的鬼魂是来警告自己的，可是她却……怪不得当时曾敏的眼神那么怨毒……

“不，不！我不要做怪物！我不要做怪物！”林悦惨叫着拉开办公室的门，夺路而逃。

孟欣欣走出办公室，职员们都看着她。

“别担心，她会回来的。”孟欣欣说。

林悦在回家的路上飞奔着——那是她此刻唯一想去的地方。

对面的街上，出现了弟弟林小乐的身影。

“姐！”他看出了林悦的反常，一面大喊，一面穿过马路跑来，“姐！”

一辆车飞驰而过。

林悦看见弟弟的身体飞到了半空，旋转了几圈，然后重重地摔到了地上。

“不——”林悦撕心裂肺地叫着，扑向血泊中的亲人。

林小乐瞪着双眼——他已经没有了呼吸。

林悦跪在弟弟的床边，用毛巾擦着他的脸。

——他身上的血污已经被擦干净了，她还为他换了衣服——她把他从停尸房接了回来，她不想让他躺在那么冰冷的地方。

现在他的双眼已经闭上了，看上去是那么的安详，像是一个熟睡的人，随时都会醒过来……然后去上学，读完医学院，成为硕士，成为一名杰出的医生……

“我要救好多好多人，我要挣好多好多钱，然后我们一起过最幸福的生活。”林小乐的话在耳边飘过去。

林悦摸着自己的眼角，她现在已经没有眼泪。

门外，孙强在拍着门。

“林悦，林悦，你让我进来，好吗？”

林悦打开门，把对方堵在门口：“我今天只想一个人安静一下，可以吗？”

孙强离开了。

林悦的手机响了起来。

孟欣欣的声音从那边传了过来：“车子在楼下，我们等着你们。”

清晨。

孙强站在走廊里，敲着林悦的家门，但是始终没有人来开门。

“林悦，我知道你在里面。我向你保证，你不会是一个人的，我已经辞职了，我会去找一份更好的工作，相信我，我会照顾你！”

听着孙强离开的脚步声，林悦低下头，把脸埋在手心里。

林小乐从林悦的旁边站起来，他一言不发地走进自己的房间，把门重重地关上。

林悦穿着白色职业装走进公司大门。

于小雅抬头微笑，用嘴朝左边的接待区努了努：“又有新人来面试啦！”

林悦怔住了，那个正伏在桌上填写应聘表格的人竟然是孙强。

他抬起头，惊讶地看着林悦：“啊！你在这里上班吗？真巧，我正打算应聘这里的保安工作呢！”悬疑志

情敌

文/小汗　图/七彩明明

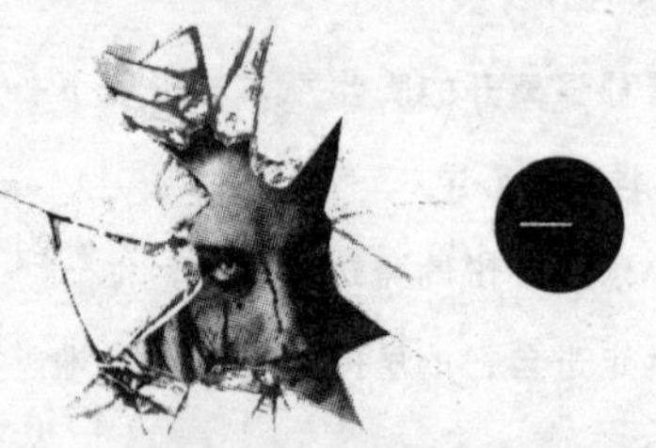

一

“你说，如果换成是你，你会怎么办？”

我看着坐在对面的她，才两年不见，容颜倒是没有一丝变化，只是在我印象中，从未见过她如此狼狈。凌乱的头发，憔悴的脸，粉底也盖不住的黑眼圈，身上的大衣毛毛糙糙，好像被压在箱底很长时间没有打理过一样，怀里抱着的GUCCI包上竟然贴着卡通贴纸。见我盯着她，她自嘲地笑了：“刮花了，没时间缝，贴个贴纸还不错。你要不要再看看我的鞋？”我侧过头，看到她的皮鞋上有一块颜色奇怪的印记。她叹了口气说：“你的头再低一点就能闻到上面的味道了。我现在已经找不出一双像样的鞋了，都快喷了一瓶香水，好像还有骚味呢。”

那天晚上餐厅的人很多，很久都没有服务员来招呼我们。我在沙发上动了动身子，好让自己坐得更舒服些。她始终保持着一个姿势，紧紧地抱着自己的包，从脊柱强直的状态，可以感觉出她一直承

受着巨大的压力。但我没有想到，能把这个当初敢在街上追赶小偷的女人逼疯的竟然是一只猫——一只八岁的老猫。她一口气给我讲完她的经历后，手竟然不自觉地握紧了筷子。在北京这个城市，还会有人被房价和贷款以外的东西逼疯，也算是特别了。

从哪儿说呢，还是从我新交的男朋友说起吧。对了，你还不知道我又谈恋爱了吧。也没有多久，快一年了吧。时间短吗？不管你信不信，我们就是彼此都感觉对方是百分百的人。两个月前，我搬进了他的家。没想到就是这两个月差点把我弄疯，不是！和我男朋友无关……不对，和他有关系。你要听我说完，不许打岔！

事情要从我男朋友家的猫说起。他家里有只白猫，已经八岁，是他和前女友认识时一起从小养大的，那只猫见证了他和前女友的恋爱经过。对此我一点都不介意，大家都已经是成年人，谁都会有一些过去。两年前，他的前女友抛弃了他和猫去了美国，这对我男友的打击很大，他告诉我，那时他十分消沉，曾一度想过和自己的猫相伴度过下半生，还好后来遇到了我。而我也的确是抱着拯救他的念头住进他家的。第一次去他家真的有种走进猪圈的感觉，不过在我的巧手下，很快就重新有了家的气氛。和我在一起，他明显变得越来越开心，特别是看到我还能接受他和前女友时一起的家具、摆设，甚至还愿意接受他的猫。是呀，为了他的猫，我把自己养了一年的小狗送给了朋友，我哭得一塌糊涂，都没有告诉他。为了能让他的猫马上接受我，我还没给男友买礼物，就给他的猫买了好多猫罐头和一个全新的猫房。那是一只纯白的长毛母猫，虽然一看就知道平时不怎么被照顾，但是从个头体态来看，就知道平时喂得不错。我男友说平时就算自己饿着也不敢让猫饿着，听他这么说我还真有点妒忌。没办法，无论是对于前女友还是猫，我明白这么多年的感情都不会轻易被取代，不过我有信心陪伴他走完更多的七年，直到一辈子。

刚开始，他的猫对我表现的也算友好，虽然不让我抱它，但在我摸它的时候，也没表现出太反感的样子。在我收拾屋子的时候，它一直趴在衣柜上眯着眼看我，尾巴惬意地摇摇摆摆。我的男朋友也趴在沙发上用电脑写着程序，这让我一下子有了家的感觉。晚上躺在男朋友的怀里，看着被我收拾得焕然一新的房间，听着男友在耳边说话，一天的疲惫都消失了。我很快睡着了，对于黑暗中传来的一阵阵声响丝毫没有在意。

第二天醒来，我刚走进卫生间就被眼前的一切吓呆了：我新换的，有着漂亮蓝色花瓣的浴帘被扯落在地上，摆在架子上的洗浴用品也被打翻了，刚买的浴液流了一地。我克制不住“啊”的一声大叫了起来，男朋友听到了，连忙赶过来，看到这个情况，他二话不说就开始收拾残局。而始作俑者——那只白猫悠然自得地躺在沙发上。男朋友一边收拾，一边安慰我，猫见到陌生人总会有些反常。这个我自然明白，猫这种动物个性本来就怪，我也没有当回事。可是接下来的每一天，我都不断地被这只猫折磨着：把我新换的墙纸撕掉，打碎我新买的花瓶，抓破我的皮包，甚至在我的鞋里撒尿。渐渐地，我就发现了问题——这只猫无论做什么都是在针对我，只要看见我和男朋友在一起，它就捣乱，每次遭殃的都是我的东西。开始我男朋友还安慰我说猫很懂事，只是偶尔玩闹，随着猫闹得越来越厉害，他安慰我的声音也越来越小。我没有想到，找个男朋友还顺便给自己找了一个动物情敌。为了寻找解救的办法，我和男朋友在百度搜索了所有教育猫的方法，还在猫论坛上发言，上百个猫友给出了不同的建议。最后我们综合了所有的建议，决定为这只八岁的猫做绝育手术，希望这样可以改变猫的性格。绝育手术进行得很顺利，猫从宠物医院抱回来的时候也很安静，只是它躺在房间里望着我的眼神让我有些害怕，那是说不出的冷漠。果然不出一个星期，我的香水瓶又被它打破了。在家里，我和它就像是敌人，每天进行着攻防战，但最后败的总是我。

那一天的晚饭，几乎一直是她在说，我只是静静地听着。最后我面对“换做你会怎么办”的问题，我也很是无语。能怎么办？既然没办法相处，就分开好了。对处于热恋的她来说，不可能因为一只猫就分手，可这养了八年的猫就如同你遇到的男人带着前妻留下的孩子一样，难道你能狠心把它抛弃？这句话我没说出，但从彼此的眼神中都读到了这层意思。从饭店出来，我们站在路边等出租车，许久都没有说话。好不容易才拦住辆空车，我让她先上。坐在出租车里，她摇下车窗，犹豫地问我，可以吗？我想了想，还是没办法回答。

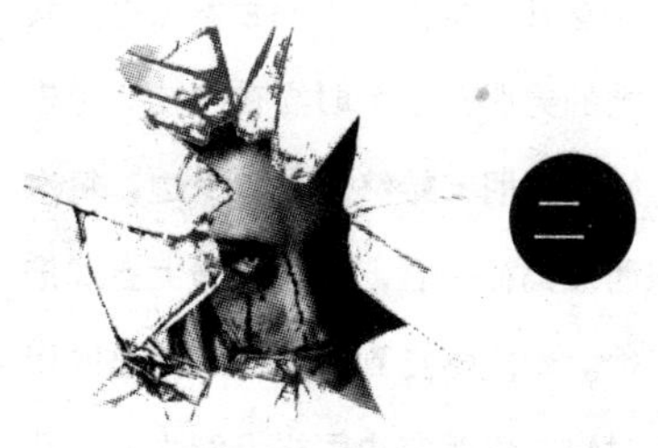

距离那次吃饭不到一个星期，她在MSN上给我消息，我正好不在电脑前，等我看到时，对话框里已经写满了字，只是一句话“我要崩溃了”。我急忙问她怎么了？她告诉我，这些天那只猫变本加厉，不仅在她不在的白天搞破坏，就连夜晚也不消停，经常吵她睡不着觉。前几天她又被猫闹得失眠，最后惹得她还和男朋友吵了几句，郁闷之下她在养猫的论坛上发了一个求人收养猫的帖子，结果网友得知她要将养了八年的猫抛弃，都开始谴责她。无论她怎么解释、辩解，网友都认为是她没有爱心。她的解释不仅没有得到同情，换来的甚至是人身攻击。她一怒之下跑到宠物店，问店员有没有可以让猫变得安静的药。店员误会了她的意思，眼神奇怪地看着她。她越解释越乱，最后差点和店员在宠物店里打起来。

说到这儿，她再一次问我怎么办。我问她，她的男朋友这个时候在哪儿。她告诉我，她的男朋友始终陪在她身边，每次她的东西被猫抓破后，男朋友马上会加倍地补偿她。她能感觉到男朋友对自己的用心，但对猫，男朋友也同样无能为力。我问她这样下去，会不会因为猫和他分手。虽然犹豫了一会儿，但她还是很坚定地告诉我不会。那我只能鼓励她，那就坚持下去，人不可能输给动物吧，何况猫也只是捣乱，又没有怎么样，过段时间就会好了。我说完这些话以后，MSN的对话框一直显示她在输入，可是最后一直没有消息发送过来。

又过了几天，一个深夜，我被手机短信声吵醒，是她。短信只有一句话。

我觉得它要害我。

我没有多想就拨回电话，隔了一会儿电话接通了，我听到她的声音低低的，还带着些鼻音，应该是刚刚哭过。还没有等我说话，她就告诉我自己正在洗手间里和我说话，还说只有这让她感觉安全点。我开始有点接受不了她的神经质，一个成年人竟然被只猫闹得神经兮兮。但怎么说也是多年的朋友，我只好耐着性子劝她。一只猫怎么可能害她？她从我的口气里听出了不耐烦，变得更加委屈，后来止不住地哭了起来。我只好不再说话，静静地听她倾诉——

我知道你也不相信我，觉得我小题大做。我男朋友也这么说我，我们为此又吵了一架，我刚刚一个人躲在洗手间里哭，我觉得自己特别无助。你们都不明白，只有我知道，我一看到那只猫就知道它在想什么。它肯定对我不怀好意，它恨我。在没给它绝育前，它看着我的眼神不是这样的。现在就算在黑暗里，我都能看到它盯着我的眼神，它开始报复我，一次比一次厉害。如果有可能，它一定会杀了我，你知道吗？它把电源插座的电线弄破，想让我在插电源的时候被电死；还有，它总在衣柜上往下扔东西想要砸死我。这都已经不是一次两次了，我总有一天会死在它手里的。刚刚猫就在洗手间外面，我在门缝看到它的影子了，它在监视我，像幽灵一样。这样下去，总有一天我和它不是你死就是

我亡。

话还没有说完，她又哭了起来。我真的很想建议她马上去找个心理医生，我怀疑她在心底对这段感情根本没有自信，与其说对猫的恐惧，不如说是对她男朋友之前几年的恋情在意。她情绪缓和些的时候，我再次问到她和男友的感情，可是答案却和上次一样，他们两个人的感情没有问题。事已至此，我也不想再管她和猫的事情，只是劝她放松心态。放下电话后，我发现已经凌晨三点钟了，不愿再想其他，赶紧睡觉。

第二天醒来，我就发现手机上有几个未接电话，还是她。时间从早晨六点一直持续到上午十点，我并没有急着回电话，反正也不会是其他事情。我洗完澡，吃完早饭，打开电脑，发现MSN上她并没有上线，这才拿起电话回拨了她的电话。出乎我意料的是，接电话的是一个男人。他似乎一直在等我的电话，第一时间就说出了我的名字。我马上意识到肯定是她的男友，果然如我所料，男人简短的自我介绍证明我所想，但接下来所说还是让我十分震惊。

她进了医院，刚做完手术。

我急忙赶到医院，走进病房时，她手术后刚刚苏醒，躺在床上看上去很虚弱，但看到我时，神情还是很激动。我走到她身边，还没坐下，她就抓着我的衣角说，你看，它真的要杀了我。我没有骗你们。我转过头看了一眼她的男朋友，她的男朋友耸了耸肩，没有说话。我转过头又看了看她，伤得的确很重，右臂骨折，头上也缠着绷带。她看我盯着她，自嘲地笑了笑，尾骨也摔伤了，没死就不错了。这次死不了，下次真的不一定了。为了证明自己并没有夸张，她还要举起胳膊，被她的男朋友按住。她虽然不能动弹，但嘴却一直没有停——

昨天我挂了电话，困得都快在马桶上睡着了。可我刚走出洗手间，突然感觉到它在黑暗中望着我。不用开灯，我就知道，那种让人后背发凉的感觉瞬间就让我清醒了。我没开灯，只是用手机屏幕的亮光四下照着，它肯定就在我身边。果然在我右手边的书架下，我看到一个黑影闪过，它刚才就躲在那儿，我走过去想看看它搞什么鬼。我没有直接走过去，我觉得它肯定会向我扑过来，我从书架的侧面走过去，准备从侧面吓它一次。你们别笑，我就是这么想的，我就是要报复它一次。结果还没有等走到书架下，我就踩到了一个东西，好像是网球还是什么，我肯定那里从来没有球类的东西，肯定是它一早就放好的。就这样我仰面朝天地摔倒了，我的右手卡在沙发和桌子中间，我的头磕在沙发角，我的屁股结结实实地拍在大理石地面上。躺在地上时，我第一个感觉不是疼，而是我完了，我彻底败给它了。

听了她的话，我真不知道该安慰她还是骂她了。大半夜摸黑捉猫，把自己摔了还埋怨猫。她察觉了我的神情，接着告诉我，她这次叫我来的主要目的不是诉苦。她想要我去她男朋友家里看看那只猫，她说什么也不承认自己的精神有问题，必须有人证明发生的一切不是她的错觉。这实在是个奇怪的提议，但她的男朋友竟然也赞同。她男朋友告诉我，这几天他要一直在医院陪着她，如果有人帮他照顾猫，也解决了他的麻烦。尽管有些莫名其妙，我最后还是接受了，毕竟我也是有些好奇。他男朋友送我走出病房，他拍了拍我的肩膀说，她一直说你这个人很怪，对一些事总能有办法解决。本来我是很不好意思求你来做这个的，但为了她，让我做什么我都会同意。看着她男朋友认真的表情，我觉得也许应该为他们两个人做些什么。

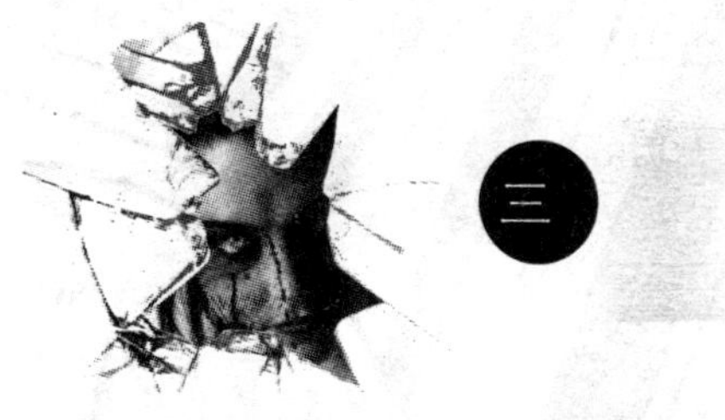

三

拿着她给我的钥匙，按照地址很快就找到了她家。打开门就闻到了一股淡淡的味道，是那种家里养宠物特有的骚臭味。这是一个不大的一室一厅，房间很乱，沙发和书架的位置还是一片狼藉，依然能看出昨天混乱的状态，这样的房间，这样的摆设，开着灯穿过都容易跌倒，更别提关着灯了。我放下装着简单行李的背包，先把客厅收拾了一下，这过程中，我并没有见到那只猫。等到我把书架和沙发摆好，回过头，看到那只白猫正端坐在客厅中间看着我。那只猫看上去和普通的白猫没有什么不同，长毛、蓝眼睛，姿态优雅。我坐在沙发上与它对望，它放低前腿由坐姿转成躺在地上，尾巴轻轻扫着地面，好像

对我并没有太大的敌意。我试着向它招手，它对我不理不睬。等我向它拍手打响指时，它无聊地眯起眼睛。我也觉得有些无聊，便不再理它，躺在沙发上拿出一本小说看着。下午的阳光照在身上，我不一会儿就睡着了。再次醒来眼前一片漆黑，我还以为已是晚上。不想眼前突然一花，瞬间又恢复了光亮，一个毛茸茸的物体从我的脸颊擦过，是那只猫。它刚才一定是蹲在我的身边观察我，果然是只心机很重的猫。我并没有在意，起身去厨房，想找些吃的。见我走进厨房，猫从角落里走出来跟在我的身后。我打开橱柜，看到猫粮，还有猫罐头。猫见我打开橱柜，便走到厨房角落里的猫食碗边上，等待着我给它倒猫粮。我本来已经伸向猫粮的手突然停下来，我关上橱柜的门，从冰箱里拿出个苹果便转身回到客厅，重新坐在沙发上。猫依然蹲在厨房，眼神有些迷惑。我打开电视一边吃苹果，一边看着它，它很快就明白我不会给它猫粮，但它没有叫，只是站起身径直走进了房间。

我拿着遥控器不断地换着台，眼睛根本没在电视画面上。时间一点点过去，我期待着那只猫能从房间里走出来，围着我嗲叫，跟我要猫粮。结果始终不见它从房间里出来，最后倒是我沉不住气走进房间，我刚走进房间，猫便从我的身边蹿出去，跳到客厅的沙发上。原来它一直刻意和我保持着距离，我们交换了领地，又开始互相观察，看得出猫对我的身份很迷惑。天慢慢暗下来，我既不离开又不给它猫粮，猫开始变得急躁起来。它在客厅里不断地走动，从沙发跳到衣柜上。它不停抓着衣柜顶上放着的吉他琴箱，猫爪摩擦箱板的声音在房间里格外刺耳。虽然它的行为好像是在向我挑战，但对我来说还是太小儿科了。这时我已经断定，我朋友所说的一切不过是给自己的暗示，这猫只不过是一只普通的猫，根本不可能做出对人有威胁的事情。我起身去厨房拿出猫粮放在猫食碗中，而我自己也随便在冰箱里找了些东西吃，一天的无聊，让我决定过了今晚就离开。

晚上，我从床上爬起来上厕所，走出洗手间，站在客厅里，看到月光正好照在书架的位置，突然有一种奇怪的感觉。就如同她告诉我的那样，好像有人在书架那里望着我。但那里被月光映得正亮，除了书架上的书，什么也没有。但是那种奇怪的感觉越来越强烈，我不由自主地往书架走过去。我很小心地看着脚下，不让自己重蹈覆辙。走到书架前，发现新书不多，而从杂志的种类和小说类型来看，这些书是女孩看的书，只是好多书摸上去都有灰尘，看来并不是我朋友的书。黑暗中我不知把书架上的什么东西碰落，我蹲下身准备捡起来的时候，一道黑影冲着我的脸就冲了过来。我下意识地用手去挡，猫爪在我手臂上划出三道口子。我坐在地上，捂着手臂，白天被我收拾好的东西又被我全部碰倒。我打开身边的台灯，却找不到那只猫。我睡意全无，把房间里所有灯都打开，到处寻找猫。最后在床下看到了它，它蹲在床角背后，张嘴露出尖牙，冲我发出嘶嘶的声音。无论我怎么逗它，它都不出来，最后我只好放弃，重新回到书架前收拾我刚才弄乱的东西，结果刚走到书架旁边，猫迅速地从床下冲出来，跑到书架上冲着我嘶叫。当我想抓它时，它又溜回到床下。我躺在床上想等它出来，可是等了许久也没听到床下有动静。折腾这一下，我感觉有些累了，不再理它，便下床关灯准备睡觉。我关掉了其他的灯，走到书架前准备关掉台灯时，猫不知什么时候又跑了出来，挡在我和书架之间。我转身假装离开，果然猫又放松了警惕，转身要走。我猛然转身冲向书架，猫也迅速回身站到原来的位置。这个发现让我感觉很有意思，我又换了几个位置试探，但猫都没有反应，只是蹲在那里静静地看着我。当我走到衣柜旁边的鞋柜时，猫的神态立刻就变了，快速地冲到我面前，对我张牙舞爪。难道这是它不容侵犯的领地？我准备打开鞋柜，猫飞快地跳上衣柜，结果用力过猛，撞在琴盒上，琴盒从衣柜上掉下来冲我砸了过来。我急忙避开，头虽然没有被砸到，但吉他盒还是结结实实砸在我的肩上。

我趴在地板上半天都没有爬起来，肩部疼痛难忍，我怀疑自己的肩胛骨是否断了。见我在地上打滚，猫好奇地凑过来。我出其不意地抓住它的后腿，然后迅速抓住它的四个爪子，把它提在手上。我跌跌撞撞地走到阳台，伸手将猫举在阳台外。猫悬在九楼的空中，它的爪子紧紧地扣住我的手指，身体不住地扭动。我们就这样僵持着，隔了好一会儿，猫突然平静了下来，伸出来的爪子也收了回去。手指间的疼痛消失了，我发现猫在静静地看着我，我才注意到在刚才的过程中，猫一声都没有叫。看着猫的眼神，我有些后悔自己的残忍，手慢慢地收回，将猫放在阳台地上。猫没有马上跑开，它又和我对视了两眼后，慢慢转身离开，走进房间的黑暗中。而我也不愿再多想，一头倒在了床上，很快就睡着了。

第二天醒来，肩依然隐隐作痛，可我却丝毫没有在乎。我连鞋子都没有穿，就跑到书架前，猫也从角落里飞奔出来。我毫不在乎地抓住它，把它扔到卧室，顺手关上了门。丝毫不顾猫抓房门发出的刺耳声音，我把书柜上所有的书都拿了下来，挨本翻了一遍，什么也没有。我又将书架挪开，果然在书架与墙之间的缝隙里找到一张卡片。卡片是一些毫无逻辑的语句，我没办法看懂。落款是一个女孩的名字，旁边还有一句提示："要找到全部的才会懂。"我来不及收拾书架，就又开始在鞋柜里翻，很快在一双可爱的卡通鞋里找到了第二张卡片；第三张卡片是在衣柜顶，也就是原来放琴盒的地方找到的。为了找到剩下的卡片，我把猫放了出来。猫绕着被我翻乱的书架和鞋柜不停地打转，好像很受伤的样子。我为了再找到其他的卡片，不断地试探它，可是它都没有一点反应。只有三张卡片还是没办法破译出卡片的内容，但我相信卡片上的内容应该会解开所有的秘密。

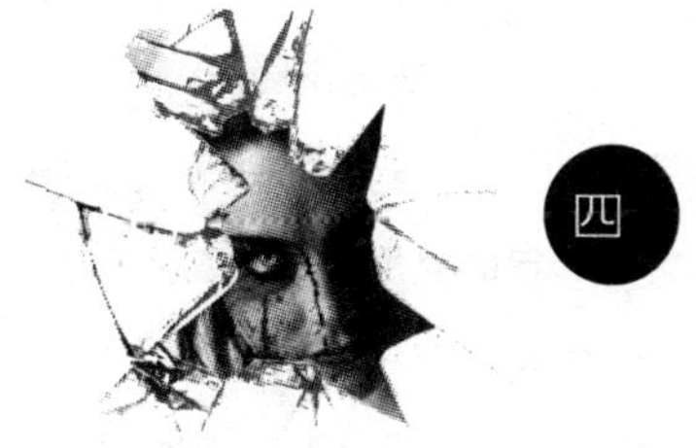

四

上午简单在家收拾完屋子，下午我又来到医院。她似乎恢复得不错，正和同屋的病友聊得哈哈大笑，而她的男朋友则安静地坐在她身边认真地削着一个苹果。见到我来，她马上问我昨天晚上怎么样。我拉开衣服，让她看手臂上的爪痕。她一副幸灾乐祸的样子，好像这比我找到答案更让她开心。怎么样，你也没招吧？我没直接回答，只是问她家里的家具她有没有动过。她摇摇头，说家里大部分都是他前女友的东西，她基本没动过。我问她真的不在意吗？她想了想，说也不是不在意，只是觉得用不着那么快扔掉。隔了一会儿，她又说猫都没搞定呢，哪有心思扔东西。

我和她男朋友站在医院院子里抽烟，我随意问起卡片上写着的名字，她男朋友明显愣了一下。果然是他的前女友，提起这个名字后，他把脸转到了别处，我还是问了他们是怎么分手的。他男朋友摇了摇头说，我不知道。见我奇怪地看着他，他马上笑着解释。

我是真的不知道，你会感觉奇怪吧，和交了七年的女朋友分手都不知道为什么。但她就是突然消失了，没有任何口信，E-mail也没一封。猫和心爱的包都留在家里，手机也停了机。给她家打电话，她家里人只说了一句她出国了，不让我再找她，就再也不接我的电话了。我去过她家几次，家里也总是没有人。我消沉了好久才重新振作起来。之前？在分手之前有什么不一样？现在想来，她那段时间突然变得有点沉默吧，那时我工作正忙，也没有太多时间照顾她，后来我总是在想是不是这个原因让她不爱我了。不瞒你说，我和她在一起七年，已经认定这辈子都要和她在一起了。结果她就这样一声不响地走了；不过想想还是没有缘分吧，是为了让我和她相遇，才会经过这么多事情吧。

说到现任女友的时候，他的脸上终于又恢复了阳光。我们俩抽完烟回到病房，她正无聊，一会儿让他给自己挠痒，一会儿让他喂自己吃东西。看着两个人这么开心，我的心情也莫名好了起来。也许答案真的不是那么重要了。我和他们道别，她却叫住了我。她让男朋友下楼给自己买些东西，男朋友听话地走出房门。男朋友离开后，她转过头问我，你们俩刚才在楼下聊什么。我在窗口看着呢。我摇摇头说没什么。她又问我是不是发现什么了。我笑着问她怎么知道的。她只回答了两个字：直觉，随后她又说，是他前女友吧。女人的敏感还真是让我意外，我点点头承认了。她笑了笑，我想肯定还是和她有关。你刚才还问我家里的家具来着，其实有一件事，我一直没有告诉他，我在收拾洗手间的时候发现过一张卡片。应该是他前女友留下的，而且应该是特地藏在洗手间的柜子里的。上面只是留着一些数字，我看不懂，但也没有拿给他看，我知道这肯定和她的离开有关。说完这些话，她见我没有反应，又补了一句，我是不是有点自私。我告诉她，换做我也会这么做，我问她那张卡片放在什么地方，她告诉了我，然后又问如果是不好的答案怎么办。我没有回答，只是问她是不是在你找到卡片后，猫才开始找你麻烦的。她的脸上一下子露出恍然大悟的表情。她男朋友回来了，手里拿着一大包东西，脸上满是汗水，但看着她的时候，脸上充满了笑容。

五

回到她家里，我在她说的地方果然又找到同样的卡片。卡片上只是一行行数字，结合前三张卡片，还是能找出答案。我如释重负，长吐了一口气。我来到厨房准备喝一口水，刚走进厨房就看到猫躺在地上，它的腹部一起一伏，嘴里喘着重重的粗气。我急忙把卡片装在口袋里，蹲下身子抱起它。它的眼睛随着我的手转动，只是身子一动不动，如同棉花一样柔软。

我抱着猫跑进宠物医院，医生从我手上接过猫，简单检查后告诉我，这猫已经很老了，而且还有很严重的肾衰竭，可能坚持不了多久了。我很奇怪，问猫不是能活十年吗，而且我昨天还和它玩来着，活蹦乱跳，看不出一点问题。医生说，猫不像人表现得这么明显，而且也有很多情况我们解释不了。医生说完，摇摇头便离开了，我颓然坐在长椅上，看着躺在台上的猫。我从口袋里拿出四张卡片，一一对照，所谓密码破解并不难，只要按照提示找到不同卡片的不同数字，再进行重新组合就好。很快我就得到了一个邮件地址和密码。我用手机登录到这个邮箱，里面只有一封信，标题是：写给亲爱的。我想了想还是打开了，伴着猫沉重的喘息声，我读完了整封邮件。

亲爱的，还是让你找到了这封邮件。不知道你用了多长时间，本来想再多留些卡片，多一些线索，但我已经没有时间了，对不起。说实话我既想让你看到，又不想让你看到。我希望你一辈子都不要看到这封邮件，但又想你能在我放好卡片的第二天就看到它。我知道我做的一切很残忍，但是没办法，我宁可残忍也不愿让你伤心。我不怕你恨我，只怕你伤心，想到以后你要自己走完剩下的路，我的心就痛得不行。比身体上带来的疼痛要强烈十倍、一百倍。这一年我的身体越来越差，我一直以为是自己工作太忙造成的，上个月去体检才发现自己得了骨癌。对不起，我一直没有告诉你，你正处在事业发展的关键时期，我不想因为自己让你放下一切。我很清楚骨癌是什么样的病，我问过医生自己还有多长时间，医生没有告诉我，要我对自己有信心。但我明白这样的回答意味着什么，我和爸妈商量过了，他们要我离开北京，回家找一个安静的地方接受治疗。我同意了，毕竟北京并不是一个适合等死的地方，再次说声对不起，我没有告诉你就自己决定了。这是我们在一起以后，我第一次对你有所隐瞒，但也是最后一次了。我想这是最好的方法，无论是对于你还是我。我不想让你看着我一点点形销骨立，掉光头发，最后死在病床上，我不想让你因为我的死悲伤一辈子。我宁愿在我还漂亮的时候离开，让你因为我的背叛而恨我，最后忘记我。那样你才能替我更好地活下去。亲爱的，我没办法再写下去了，我要在你回来前写完这封邮件，邮件地址和提示我都写在卡片上，藏在家里的角落里，你平时不会碰的角落。但你有可能在等不到我回来、要把我的东西扔掉时发现这几张卡片，希望那时我已经不在这个世界上了。或者，是有另一个姑娘代替我照顾你，她要扔掉我的东西时发现了我的卡片，如果是她看到我的这封邮件，我真的很想告诉她，替我好好爱你，你是这个世界上最值得爱的男人。对了，差点忘了。我的乌拉（应该是猫的名字），它也会替我照顾你，在没有另一个姑娘代替我之前，它会像我一样照顾你，我告诉它保护好我的卡片，保护好你。爱你的……

信看完了，猫也变得越来越虚弱。我打电话给她，让她不要说话，静静地听我说。我把猫的事情还有自己找到的邮件一点点告诉她。在这一过程中，她始终一言不发。挂了电话，我把邮件的地址和密码用短信发给了她，最后还在短信上写道，你可以选择告诉或者不告诉他，她也没有回复。

隔了半个小时，一辆出租车停在宠物医院门前。她的男朋友从车上跑下来，和我简单打了个招呼后，就走到手术台前看着躺在那的猫。他一遍遍摸着它的身体，揉着它的毛。猫虚弱地伸出舌头舔着他的手指，猫的眼睛渐渐闭了起来，一动不动了。他抱起猫，表情看起来有些无助。我说了声对不起。他摇了摇头，八年了，也许就该这样结束。我把手里的四张卡片交给他，他看了一眼笑了——她就是那样的孩子气，总和我玩猜谜游戏，每次都输给她，但没有想到这次她能骗我这么久。我们并肩走出医院，顺着马路慢慢前行。我问他，有没有给她家里打过电话，他眼看着前方点了点头，在路上就打过了，她爸妈说她是在半年前走的，走的时候没有太多的痛苦，很安静。我拍了拍他的肩膀，他突然停下脚步，蹲下来把头埋在怀中的猫身上，身子微微地颤抖着。

尾声

再次去他家是在她出院一个多月后，他们邀请我去吃饭。走进他家，就发现里面已是焕然一新，我坐在客厅里看电视，听着两个人在厨房里一边做菜，一边拌嘴。书架上的一个镜框里，摆放着那四张写着密码的卡片。 悬疑志

找鬼

文/青丘 图/玉烟先生

鬼片里各种各样的鬼，女鬼、男鬼、人妖鬼，水鬼、冤鬼、吊死鬼……无一例外的是都有鬼，你有没有看过没有鬼的鬼片呢？对，不是悬疑片，而是真正的无鬼鬼片。

我抬头看着六子的房间，六子正用中央电视台《新闻联播》的声音朗诵出上述的一段话，听得我毛骨悚然，自然不是因为内容，而是因为语调。

我探出头，他这样二的时候虽然每个月总会有那么一两次，但是每一次都让人无法忍受。我无奈地问道："老板，你药停了？"

六子自然听得出我在嘲笑他，他没回嘴，但是我QQ弹出了他的头像，上面有一个链接外加一个鄙视的表情，我点开一看，是一个关于恐怖电影的帖子，这个帖子是关于一部电影的讨论，但是上面没有附上电影的下载链接。

反正无聊，我就看了看。这是一个私人制作的小短片，片子名字叫《Gaze at Me》，但是关于剧情的介绍却非常无聊，说的是有一个关于鬼魂返回人间的故事，很烂俗。我看到一半就看不下去了，没有什么悬疑，和看肥皂剧没什么区别。

我关掉链接，也没和六子说。接下来的时间有了些生意，这段时间收黄玉的人比较多，而且要价都很高，六子果然有眼界。现在人人都明白和田羊脂玉基本已经很难有发展空间了，而六子作为稍微有些底子的二道贩子，依然坚守在玉器市场的第一线，时常会去新疆走走。但是他也说这段时间日子难熬，如果有好的黄玉也要收，这种玉估计是后面几年的重头。

看六子到了晚上还没打烊的打算，我也懒得等，算好账直接对着屋子喊道："六子，我先走了。你锁门啊。"

但是屋子里没有人回答我。我心想小子不会睡着了吧，我恼火地直接拉开帘子冲进去，发现六子屋子里灯也不开，黑暗的房间里只看到他笔记本电脑的光线反射在他的脸上。他表情纠结地戴着耳麦盯着笔记本，我猜着小子又在看A片，混蛋啊！我在门口忙得像茶馆小二，他还真以为自己是老板了，我直接拿下他的耳麦，他吓得浑身一抖，脸色苍白地看着我，眼神非常恐怖呆滞。我愣了一下，心想这小子看A片都能吓成这样？白痴吗？

我说："打烊了，你不准备走？"

他捂着胸口说："你不要吓我啊，打烊了啊？哦，今天辛苦了。"

我满不在乎地说："那么我先走，反正你要继续看片，你来关门。"

他连忙说："别别别，这片子我回家再看，你等等我。我……我和你一起走。"

我纳闷他啥时候变得那么神经纤细了，虽然胆子是很小，但是还不至于像个娘们一样，看一个片子就吓得不敢一个人走夜路吧。我看了一眼电脑屏幕，但六子已经关机了。

六子显然面子上挂不住，他摸着脸，清着嗓子说："别误会，这礼拜我们做了几笔不错的买卖，我想庆祝一下，晚饭我请，叫上老白怎么样？"

我更加莫名，他什么时候变得这么豪爽？不过六子的确也有些后悔说出这话，显然有反悔之意，这哪成啊！我连忙拿出手机打给白翌，白翌这几天忙，那饭做得和军队火头军似的，只能叫吃饱谈不上吃好。所以一个电话过去，白翌也是爽快答应，并且最后没头没尾地问今天是几月几号。我也没多想，挂了电话直接到门口等人。

六子快速地收起笔记本，然后披上外套就到外面大厅抽烟，我觉得他有点不太对劲，好像突然变得有点沉默了，就连烟灰掉到裤子上他都没啥感觉。

我不放心地问道："六子，你到底怎么了？"

六子没有理我，继续抽烟，眼神呆滞地盯着前方，我又喊了一遍，他这才如梦初醒般地回头看我，问我："怎么了？"

我说："你怎么了？被鬼附体了？"

他听到鬼，抖了双肩，眼神和当初遇到画魅的时候一模一样。我有些摸不着边际，试探地问道："到底怎么了？"

他说："没什么，我能有什么？"

我想也是，他一直都在房间里，根本没出去过，这段时间也很太平，根本没有接触过什么来路不明的冥器，所以根本不可能会有什么情况才是。他没有理睬我，又低头继续抽烟。

没多久白翌来了，他看着我说："怎么突然叫我来吃饭？六子怎么了？"

我摇了摇头说："不知道，你看，他大脑好像短路了。"

白翌看着他，眉头有些皱，说："是有点怪。"说完他走到六子边上拍着他的肩膀，六子木讷地看着他说：“来了？”

白翌说：“你怎么了，脸色怎么那么难看？”

六子下意识地摸着脸说：“没啊，我没感觉。就觉得有些累，去吃饭吧，吃完我想早点回去睡觉。安子，我就不上游戏了。”

我看着他这样子，也觉得古怪，但是的确没啥头绪，于是干脆不再鸡婆，反正他有啥问题第一时间就会来找我们，一点也不会讲客气的。

六子这顿饭吃得极其安静，平时和我唱双簧的也就六子了，于是夹在两个闷罐当中，我这顿饭也吃得极为安静，上菜的服务员都觉得我们三个气氛凝重，和领班交头接耳一番才离开。

没多久，六子放下筷子，说：“安子，我先走了……感觉特别的困。小姐，先埋单。”

六子付完钱就直接走人，整个人就心事重重的样子。不知道的以为他又失恋了。

我看着白翌说：“他怎么了？”

白翌摇头道：“不知道，但是看样子像中邪了。你没感觉？”

我不确定地说：“不，你说他中邪……的确有点像，但是却又没啥征兆。中邪总有原因吧。”

白翌说：“那么也没办法，等有征兆的时候再说吧，反正这小子那么怕事，真遇到什么，会第一时间叫你的。”

我说：“我只是觉得这小子好像没精神，你看他根本没吃什么，大概感冒了。”

白翌握着杯子，看着六子的碗说：“不，我觉得他是无法集中注意力，他刚才很多次想要打起精神，但还是慢慢地沉默下去，他的注意力被什么东西分散了。”

我回想六子刚才的样子，好几次都在深呼吸，但最后却更加沉默。我点头认同，总之因为六子的关系，这顿饭吃得有些闷。我和白翌回到家，也觉得情绪被搞得有些低沉，我决定上网调剂一下，白翌则默默不语地看书。

白翌已经明白阻止我做一个网虫简直就像劝一个赌徒戒赌一样困难，所以这种事他好几年前就看破了。但今天他却莫名地把日历放在了我的电脑台前，我不解地看着他，他笑而不语地去泡茶了。

我打开电脑，突然想起六子给我的链接，幸好我还记得地址，没多久就找到了那个论坛，我一看吓了一跳，白天还只有两三页的帖子，现在已经达到了八页。这样的热度真的让人有些意外，因为这个片子只看简介应该没啥特殊。

我开始浏览帖子，从第三页帖子开始，我发现内容好像有些怪了：

“鬼，真的有鬼！”

“太奇怪了，据我室友说，看过这个片子之后真的有鬼，到底是不是真的啊，我不敢看了。他的样子好可怕。”

“这片子里根本没有出现鬼啊，到最后也不知道它在说什么，想要表达什么。看不懂，烂片子！”

“有鬼的，真的，我感觉了……”

“我哥也说有的，但是为什么我看不懂啊，到底是不是这部片子啊。难道搞错了？”

“根本莫名其妙，这个帖子怎么那么火？”

“有鬼，它一直都在……”

我看到这里突然对这部片子产生了好奇，难道说六子看了这部片子？但是我找不到下载源，六子又是怎么弄到片子的？

我耐着性子继续看帖子，终于在第七页里看到一则非常简单的发言。说如果要片源就加QQ好友。我看下面有许多人都发了自己的QQ号码。但是好像没有人被加为好友，所以到最后倒是被一些水帖给覆盖了。

我一时好奇，便把自己的QQ号码也打了上去。这时手机突然响了，我赶紧后退一步从外套里拿出手机，发现是一个陌生的号码发来的短消息，白翌好奇地凑过来看，短消息上只是给了一个网址，我发现它是一个网上下载IP代码。

我突然想到我在那个帖子下的留言，可我并没有留下手机号码啊？又联想到六子白天的异状，心里嘀咕，不可能那么邪乎吧，我不信邪地重新打开电脑，发现不知道什么时候我的QQ居然跳出了十几条添加好友的消息，附加消息中只有两个字：加我。

白翌看着我不停地取消消息，他没有说话，而是拿过我的手机并把手机内的号码抄了下来，用自己的手机打了过去。手机中很快就传来了一个男人的声音，白翌问道：“对不起，请问你前面是不是发了一个下载地址给我朋友？”

可能因为时间太晚，那个人没好气地说：“那么晚我发什么短消息啊，我一直都在睡觉，被你一个电话吵醒了。你有病啊！”

说完就挂断了电话，白翌倒没生气，他再用我的手机打那个号码，但是手机却显示没有这个号码。同一个手机号码，用不同的手机打却出现两种情况，这件事已经非常怪异了。不，我根本就不应该收到这个消息，我压根就没有留下自己的手机号码。这不是闹鬼是什么？

白翌疑惑地看着我，我无奈地耸肩，把六子和关于那个网站上所谈到的片子的事情告诉了他。直到我说完，他也只是默默地点着手指，陷入沉思。

我最后说：“怎么样，要不要试试看这地址，也许会下到什么有意思的东西。”

白翌微微一笑，我明白他的意思，就是随便你，你看着办。我心中有些好奇，毕竟人一好奇就会好了伤疤忘了痛。猎奇心每个人都有，否则恐怖小说也不会那么火。我犹豫了片刻，还是输入IP地址，马上就跳出了迅雷下载，下载文件包的名字很古怪，叫做“人一口”，点击了下载之后它就开始缓慢地下载。

就在我还纠结怎么下载得如此龟速，是否先挂着，自己去继续睡觉大业的时候。白翌突然开口道：“下好了。”

我说怎么可能，光缆都没那么夸张的速度，但是没想到下载任务一下子就跳到已下载的界面。我打开文件夹，发现还真的下完了！至少一百多MB的容量，居然那么快就下完了？

白翌用手挡住鼠标说：“先别点开，你说这个东西是六子给你的？”

我摇头道：“六子只是告诉我那个帖子，这个东西真的有些奇怪，我觉得的确够邪。”

白翌坐在我边上，打开我的QQ，随后打开系统管理，发现在我不知道的情况下，居然自动地加了一个陌生人为好友，最奇怪的是这个人的名字就叫人一口，头像实在太小了，根本看不清楚是什么东西。白翌阻止道：“帖子里说这个片子有鬼，我想六子和这片子一定有什么联系，明天看看他的情况再说吧。”

想到六子那魂不守舍的样子，我也

打起了退堂鼓。我放弃点开文件夹，正要准备关机的时候，QQ头像突然闪出了六子的头像，我心想，今天怎么就那么邪门，说谁谁就到。

六子："还没睡呢？"

我："准备下了。"

六子："我看到那帖子上有你的QQ号码。"

我："嗯，我正想要说这事呢。"

六子："怎么了？"

我："你看了之后没有什么异常吗？"

六子："我没看明白。"

我："？"

六子："其实我看不懂那片子，它又没有对白……"

我："没看懂你还看得那么起劲？"

六子："但是很奇怪，看完之后就会不断地想里面的画面，好像看一遍就忘不了那些画面了。每一个细节都会在大脑里无数次浮现。"

我看着白翌，白翌示意我继续问。

我："忘不掉？什么意思？"

六子："就是我自己无法控制地去回想，我觉得这片子有点蹊跷……"

我："什么蹊跷？"

六子："你到底看了没有？"

我："还没有。"

六子："那么你是不会明白的……"

之后过了好久六子都没有发来消息，我发了一个抖动窗口，六子依然没有发来消息。我不死心，又发了一段话，对方依然没有反应，我有了一种被吊起了兴趣但是无从释放的感觉。

白翌比我冷静，他说："你先别急，等等再说，现在这部片子在你电脑里肯定跑不掉，既然六子说他好像有些门道了，那么不妨等明天，问问他情况再说。"

我不甘心地看了一眼头像，发现他的QQ暗了下去，他真的直接下线了。我烦躁地抓了抓头发，说："先这样吧，我明天问问六子他到底看的是什么，这个东西太邪了点，先放着也保险。"

但是事情并没有我估计的那么简单，第二天我得到了一个消息，六子突然从楼上摔了下去，把腿给摔折了，现在躺在医院里不能动。我只能直奔医院看看六子到底怎么了。

白翌不像我是个个体户，他还得上班，他说他会抽空去看看六子，同时他也觉得六子的事情可能没我们最初估计的那么简单，我们隐隐地闻到了一股麻烦的味道。只是我们还不能确定这个麻烦到底有多麻烦。

于是我急匆匆地赶到医院，看到六子的时候，觉得他比昨天更加呆滞，整个人就像是一个空壳子。我喊了好几声，他才回过头看着我，眼神里都是血丝，青白色的脸上只有眼睛最为突出，他不停地眨着眼睛，我小心翼翼地走到他身边，幸好他还知道我是谁，打了一声招呼之后，又低下头想心事了。对上眼的那一瞬，我仿佛在六子的眼中看到一种陌生的神色。他勉强地朝我笑了笑，便不再答理我。

我看他这样下去不是办法，说不定第二天就去跳楼了，这事绝对和那个鬼片脱不了关系，我尝试着和他沟通。如果只是小小的撞鬼中邪，白翌还是可以对付的。

但，最大的问题是六子根本对那部电影没有任何概念！

我坐在他的边上，六子好像意识到我在边上，却依然低着头。他现在的样子，一点都不像过去那个精明狡猾的古董贩子，倒是有几分痴呆。他时不时地会皱眉头，随后眼神又继续呆滞下去。

我正思考着如何引导他说一下影片，此时六子嘴里却开始念叨：“没有人……”

我不明白什么意思，尝试着问道：“什么没有人？”

六子好像没有听到我说话似的，他重复着“没有人”，拳头越捏越紧，关节都发出咔咔的声音。

随后他突然放松了双手，整个人就像散架似的倒在了床上。我赶紧要去喊医生，但是还没走开，发现他又缓慢地坐了起来，继续低着头，捏着拳头，嘴里嘀咕着什么，而后又是像脱线的木偶一样倒了下去。

隔壁床的老太太沙哑地开口道：“他中邪了。小伙子不要靠近他。”我看着老太太的眼神，她的眼神透着一丝恻隐，但更多的是猎奇的色彩。我没有答理她，而是试图让六子躺下。忽然，六子猛地一把抓住我的肩膀，他的眼神第一次有了神色，他狂喜地说：“我知道了，我找到第一个了！”

我不明白他的意思，问道：“什么第一个？”

但六子的眼神又像死鱼一样呆滞了，而就在我看着他眼睛退去神色的一刹那，我感觉他的瞳孔突然有某种白影一闪而过，就像是一道古怪的白色光泽一样，又像有一层薄膜从眼珠剥落似的。

随后六子的情况变得更加严重，他整个人靠在枕头上。当我再试图和他沟通，他好像彻底地没了知觉。

隔壁病床的老太太又开口道："你不相信我？我看到有东西在他的身后，我有阴阳眼。"

我心想阴阳眼这玩意是我们家的遗传病，咱当隐疾似的藏着掖着，她倒是当做一个有利的资本来炫耀。我也不想和她多说，但是六子这样下去说不定真的会变白痴，我暗骂自己干吗没事老是骂他低能，现在诅咒灵验了，他离植物人已经不远了。

六子搞成这样，铺子里的生意自然也得停了。我得想办法替他找出缘由，关键就是那部电影。但是我根本没有头绪，我安慰自己现在也只有一步一步来。我安顿好了六子，准备离开医院赶回家查查线索。

在门口正好碰到来探病的白翌，白翌看着六子的样子，也大吃了一惊，他也没想到短短的一天，居然就成了这样。他说："六子怎么成这样了？"

我把大致的情况告诉了白翌。白翌自言自语说："他这话是什么意思？"

我说："没有人？只有鬼？我不知道这是什么意思……"

白翌果断地说："那么就看吧。"

我没想到他那么直接，条件反射般地问了一句："啊？"

白翌说："那么就看看那部片子吧。六子这样不是办法。"

我看着六子这个样子有些心里没底，说："但你不怕有麻烦吗？"

白翌指着六子，无奈地笑着说："麻烦早就在了，不是吗？"

我叹气道："有道理。六子这样下去估计会成植物人。"

六子朝我们看了一眼，随后便又低下头，自言自语地说："第二个……第二个……"

回到家中，我们立刻打开电脑，我记得昨天六子差不多也就是这个时候发给我那个论坛的链接的，我们选择先不看片子，继续看看那个帖子，希望找到些有价值的线索，但是发现这个帖子居然已经被封了，打不开。

无奈之下，我们只能选择直接看片子，这种感觉有些像看《午夜凶铃》，不知道里面会出现什么镜头。

点开视频播放器后，渐渐地，音响里出现了沙沙的声音，随后是脚步声。片子的开头全部都是黑色的背景，这样的黑屏持续了两分钟之后才有了文字，写着故事发生的时间、地点，但应该是虚构的。随后画面转切到一个走廊，视角一直深入，随后出现了许多杂物，在杂物的后面是花圈，花圈上面的花朵异常鲜艳，白色的菊花和肮脏的通道形成了非常强烈的视觉反差。此时从门里走出了一个胖女人，她头上戴着白花，女人长得很普通，呆呆地看着前方，眼角还有泪痕，估计刚刚哭过。她的眼神中没有太多的悲恸，而是一种淡漠，这使她的眼泪显得非常别扭。

接着画面又开始移动。这次换成了一条小道，时间应该是晚上，小道非常暗，两边的绿化带却亮着非常夸张的绿色霓虹灯，仿佛硬是要告诉别人这树是绿色的。此时突然从树丛里面窜出了一个人影，那个人影一闪而过，就消失在小道的尽头，像耗子一样快速，看不见人影，只能听到急促的脚步声越来越远。

接着，镜头转入绿色的小道深处，那里有一个早点铺子，铺子非常脏，有一对外地夫妻埋头干活，男的捏面团，女的弯着腰捡地上的煤球。在油腻的凳子上蹲着一只黄白相间的老猫，它静静地躺在长板凳上，在残破的桌子边还有一碗吃了一半的汤圆，里面的豆沙流了出来，形成了一种非常恶心的颜色，有点像微型泥石流。此时老猫突然竖起了耳朵，警觉地注视着镜头，猫的眼睛非常大，画面一直定格在老猫的眼睛之中，而猫突然张大了嘴巴，露出了白森森的牙齿。

随后画面再一次转换，这一次比起先前所有的镜头都要热闹。这是一个大学里的场景，来来往往的人流，学生们三三两两地从镜头前走过，吵闹的操场，安静的图书馆，各种场合中都人头攒动，突然所有的人都停止了动作，就像是假人一样一动也不动，整个充满生气的空间一下子变得死气沉沉。但没多久又恢复了正常，镜头进入一间教室，教室里坐满了人，但是此刻每一个从镜头中划过的人脸都显得非常苍白、刻意、虚伪，男人的眼神中透露出厌恶和凶狠，女人的眼神中透露出傲慢和刻薄，仿佛每一个人的脸上都写满了邪恶。

渐渐地，教室里面的人开始变得模糊，直到最后，镜头扭曲成了一组新的画面。画面是一个老式小区的花园，里面有一棵长得歪歪扭扭的泡桐树，十字路的小道上都是黄色的树叶，随着风微微抖动着，萧瑟又可怜。这座简陋的花园里面，只有一组孤单的石凳子，凳子非常脏，上面都是树叶和灰尘，这样的小花园估计连遛狗的都不愿意来，像一座废园。石凳的边上有一朵被人为插入泥土的菊花，这朵白菊已经枯萎了，只剩下几片单薄的花瓣，泥土边上还能依稀看到一些枯败了的花瓣，画面定格在这朵菊花上，镜头闪动了几次，随后画面渐渐变成了黑白色，黑色的泥，白色的花……

接着画面再一次黑屏，最后出现了一组英文字：Gaze at Me。

当这组英文消失之后，片子就结束了。我看完片子之后，心中仿佛被中下了一颗不知名的种子，但是却又找不到线索，虽然已经关掉了视频，但是大脑里依然反复地出现片子里的那些画面：女人、绿色的霓虹树、猫、教室以及最后的花园。

我喃喃自语道：“毫无意义的镜头画面，但是……”

白翌接着说：“却让人印象深刻。”

我看着他，他依然低头摸着指关节，我在想白翌的心里是否也有这样的感觉。白翌继续说：“这部片子的确很怪，只是一些毫无关联的片段，但是……我总觉得这些片段中有古怪。”

我同样深有此感，陷入了沉默，突然白翌拍了拍我的背脊，他从香囊袋子里掏出了一把粉末扔进了烟灰缸，随后点燃了这些粉末，空气中顿时弥漫着一股清凉的香气。我的大脑也为之一振。

白翌看着片子说：“这片子有很强的心理暗示。要小心。”

我大脑还有些迟钝，我费力地甩着脑袋，想把那些镜头从脑海中驱赶出去。这时，白翌又加大了熏香的剂量。瞬间我能够感受到熏香中薄荷的成分，我闭上眼睛试图收敛自己的心神。

但是大脑中的影像还是无法消失，特别是最后那朵菊花，那黑白定格的画面就像是直接植入在了我大脑深处一样，根本无法拔除。这种孤单寂寥的感觉，像是从我大脑深处散发外露一般。

白翌捂着我的额头，轻声在我的耳边说："太上台星，应变无停。驱邪缚魅，保命护身。智慧明净，心神安宁。三魂永久，魄无丧倾。急急如律令。"

说完后，我感觉他在我太阳穴上点了一下，此时我终于感觉从那种无法摆脱的禁锢中得到解脱，大脑也不像之前那样昏沉无力。

我捂着额头说："我终于理解六子为什么会变成这样了。"

白翌一边点上烟，一边说："六子就是因为看了这个，然后被各种镜头组成的摄魂术给迷住了。但是我们明白得太晚了，如果在他看完之后马上使用'净神咒'说不定还有效果，但是现在净神咒估计对他应该已经无效了。"

我点头道："六子在医院说了一句'没有人'，最后又说他找到了'第一个'，但我不知道这是什么意思。"

白翌点着烟捂着太阳穴说："这部片子的名字叫《Gaze at Me》，翻译过来就是《注视我》，很直白，就是要让人无时无刻都注视着这部电影。无论你做什么，到最后都会只想着这部片子，而结果就是你就只为这部片子而活着了。但是其中有什么东西是需要注视的？这些毫无意义的镜头到底代表着什么？肯定有他的理由在里面。"

我不解地摇头，白翌掐灭烟头说："再去一次医院。"

我同意他的看法，我说："没错，得问问他第一个找到的到底是什么。"

医院内，六子一个人孤零零地躺在床上，周围的护工忙来忙去，但是六子依然毫无反应，任凭她们给他打点滴、抽血什么的，回想过去，他多少是害怕打针的，现在的样子就像只是一张六子的皮似的。我们来到他的面前，他已经根本认不出我们，医生建议我们把他转入精神科，但是因为医药费和床铺问题暂时无法转房。我坐在他面前，无论是打响指还是挥手，他都没有反应。

白翌对我说："你干脆和他说那部电影，或许有效果。"

我想了半天，才憋出一句："菊花……"

没想到六子真的有反应了，他愣愣地转过脑袋看着我，机械地重复了一句："菊花……"

太上台星，應變無停
驅邪縛魅，保命護身
智慧明淨，心神安寧
三魂永久，魄無喪
急急如律令

我吐槽之心再一次发作，我自言自语地干笑着说："这小子对菊花有反应，真给力啊……"

但没想到还没等我继续引导，他就开始自言自语起来："找不到，找不到，只能找到第一个，那个人脸，只能找到第一个……脸，其他的……还有什么呢？我不明白啊……放了我吧！"

六子整个人突然抽搐起来，我慌忙拉住他的手，白翌眼疾手快地抄起边上的毛巾塞进他的嘴里，防止他咬掉自己的舌头。接着护士和医生都进来了。

护士喊道："医生，这个病人有羊痫风。"

接着，我和白翌被一群医护人员给轰出了病房，过了十几分钟，医生让我们再进去，六子已经陷入了昏迷。医生建议我们最好改天再来探病，他已经彻底被定义为精神性疾病。

我站在病房外面，对白翌说："得想想办法，否则六子就被当成精神病患者了。那他就倒霉了。"

白翌说："你还记得他说了什么吗？"

我反问道："什么？"

白翌说："他说脸，人脸。"

我的大脑中又闪现出那些零碎的片段，突然就出现了第一个镜头中那个女人的脸。我不敢让自己继续思考和回想，我怕自己也会像六子一样发疯。

白翌说："那个论坛内还有其他人看过这个片子吗？"

我马上就明白了他的意思，虽然那个帖子被封了，但是我们可以发一个新的帖子，虽然也有被封的危险，至少可以或多或少得到些信息，六子这里的线索已经彻底断了。

六子家里人闻讯赶了过来，我和白翌根本搭不上手，六子属于二世主，他家的底子非常深，所以我们只是被很客气地感激了几句，便马上被赶了出来。于是无奈之下，我们只有回家继续找线索。

我打开那个论坛，论坛里依然没多少人，白翌示意我赶快发消息，而他还得做一些其他准备。说完他就又捣鼓起他那个破箱子。他拿出了一块板子，对着板子吹了一个口哨。显然他找到了某一个让他很感兴趣的东西。

我打了一个比较醒目的标题，但是过了五分钟还没有人理我，随后虽然有一些人回复留言，但是都没有价值。

白翌倒腾完那些东西，就问我有没有回复，我说："你看，都是水帖，没戏。"

白翌给我倒了一杯茶说："正常，你这样问，根本没办法问出什么线索来。"

我哈哈一笑，手一摊，意思是英雄，你请。白翌没有理睬我，刷新了界面，突然看到最后一楼有了一个非常古怪的回复。

"细节才是关键。"

白翌念出了这句话，我突然发现这个回复者居然是"人一口"。

我有一种毛骨悚然的感觉。白翌点开这人的个人信息，上面只有一句话作为自述，而那句话居然就是gaze at me，我突然想到我的QQ好友也有那么一个陌生人，就是昨天晚上突然出现的好友，我马上给这个好友发了消息。但是那个人却没有回复，头像一直是灰的。

我感觉这绝对不是什么巧合，在这部片子里肯定有什么东西留下了，它就像一个幽灵，而细节可以揭开这幽灵的秘密。但这个"人一口"又扮演什么角色？和这部片子有什么关系？我摸着头发不停地刷新着帖子，但是那个"人一口"却再也没有发言。

白翌重复着那句话，最后说："得再看一遍那片子。"

我有些犹豫："得有个防范措施，否则我们会中招。"

白翌笑着说："我有办法。"

白翌在电脑前面放了一块"玻璃"，我发现这块"玻璃"实际上是一整块白水晶，世人都知道黑曜石有很强的辟邪作用，但是很少人知道白水晶有"晶王"这一个称号。它是水晶中的皇帝，是佛教七宝之一，又称为摩尼宝珠，代表着顶轮，对记忆和精神力有很强的庇护作用，而一整块白水晶的磁场就更加强大了。此外，白水晶是唯一一种不需要开光加持就具有辟邪和净化作用的宝石，非常好用。

此时，白翌点上了那些含有薄荷的熏香，并且在播放机内不停地播放着净神咒，他把大门和窗户全部打开，清新的空气顿时贯通整个房间。我们的情绪都安稳了，他这才开始播放视频，视频因为水晶以及烟雾的阻隔，显得有些模糊，我们看得特别的吃力。但只有这样，才能让我们真的静下心来专心看画面。

白翌先正常地放了一遍，我们依然没有头绪，我说："这个女人的脸没有什么特殊啊。"

白翌捂着下巴，缓缓地说："如果不是女人呢？"

我愣了一下，马上反应过来，我说："对啊，如果只是简单的女人脸，六子又不是白痴，何必要想半天，只有一个可能，那就是在第一个镜头里，还有其他的人脸，一张我们忽视了的脸？"

白翌没有说话，他问我："有什么可以把视频导成图片的软件吗？"

我说："有啊，绘声绘影就可以办到，你等等。"我把片子导入绘声绘影，合成由每一帧组成的图片，随后一张张放着看，终于在第一幕即将黑屏的一刹那，我们发现在女人的背后出现了一个人脸。因为即将黑屏，所以人脸根本看不清。那张脸出现在女人身后的房间内，在女人面无表情地眨过眼之后，他就浮现在女人的背后。那张脸好像在笑，那种笑容让人不寒而栗，像是对我们发现他的褒奖。而几乎与此同时，镜头就开始黑屏了。只有那么一帧画面！这张脸只出现在那模糊的一刹那。

我盯着画面，指着头像拍着桌子说："第一个画面，脸！还真他妈的是细节啊！继续，看看图片中还有这张脸吗？"

我感觉终于有了门道，但是白翌却泼了我一身冷水，他说："别那么高兴，六子也想到了这一幕，他不停地回想画面，等于和我们一样，把每一个画面都单个拉出来看一遍，但是他依然无法找到其他画面的含义。"

果然在那之后，我们并没有找到更加有用的线索，那张脸没有再出现过，白天所有的时间我们都用在反复看片子上了，到了晚上，因为一直透过水晶看东西，导致我看什么都有叠影。白翌也捏着鼻梁说："再看下去估计也不行，我觉得我们的方法出错了。"

我瘫在椅子上，抬头看着天花板说："废话，明摆着的。"

白翌说："你还记得这部片子的简介吗？"

我努力地回忆道："这个片子……它说的是一个鬼魂死后还阳的故事，从剧情上来说很无聊，简介说这是一部没有鬼的鬼片。"

白翌说："那么那几个镜头代表着

什么含义？葬礼代表有人死了，接着是夜路，然后是早点摊子，而后是学校，最后是一个废旧花园。"

白翌看着我说："有一个问题你发现没有？"

我点头道："这里面没有出现鬼呗。"

白翌继续说："但是，这部片子本身就是闹鬼的一部分，还有就是它的名字，它为什么取这个名字？一定有它的用意。"

我回答不上来，但是按照白翌的引导，我总觉得好像有什么东西已经被我抓住了，只是我依然无法了解它。

白翌看着我，自己给出解释说："因为这个鬼要我们找到它。"

白翌继续说："你看，首先这部片子里面没有出现过鬼魂，但是如果出现了鬼魂这个主角，那么这个鬼片就成立了。但恰恰我们无法找到……"

我咬着嘴唇，有些不甘心，继续补充说："但是实际上鬼是存在的，它就隐藏在故事内，所以故事的名字就叫做"Gaze at Me"，它的意思就是要我们看着它，并找到它。于是故事的名字就是目的，而六子就像被催眠了似的寻找这个鬼，但是却依然只能揭开第一个镜头，而其他的，他没有办法揭开，因为再也没有脸出现过了。"

白翌打了一个响指说："没错，就是这样的。"

此时，突然QQ跳出了那个灰色的头像，我们点开一看发现它只上传了一张图片，图片刷得很慢，但我们发现这张图片是一具死人的尸体，突然从QQ弹出那么一张图片，还真不适应。这张照片拍的是一个棺材内的景象，在堆满鲜花的棺材内只露出了那个死者的脸，那是一个年轻男人的脸孔，苍白得就像是蜡做的，被殡葬化妆师化了一个非常难看的妆容，显得有些不男不女。深红色的嘴唇紧紧地抿着，仿佛即使死亡，这张脸也依然无法解脱。

我忍不住问道："这是谁？"

而后那个QQ再也没有跳出消息，它直接下线了。

白翌说："这张照片是暗示。"

我说："废话，否则还发给我们当讣告啊。"

我继续盯着照片看，看久了之后对于死亡的那种排斥感逐渐消退，我突然说道："脸，这张照片内除了脸以外没有其他的部分。”

白翌点着烟笑着说：“呵呵，有意思，我终于知道它取这个名字的意思了。”

他抽着烟，拿出一张便条，写了第一个字：脸。

说完片子继续放，第二个镜头，画面被白翌一张张地找出来，随后他停在其中一张上，说：“你发现有什么不对劲了吗？”

我盯着画面看，发现这镜头内的那个男人在逃窜，但是他的影子却留在了远处，而随后的下一秒影子便消失了，奇怪的是，影子应该是黑色的，但是这个影子居然是绿色的，如果不是我看到这树影中出现的两层叠影，根本不会发现这一个居然是人的影子。而这一层变化也同样只有一帧的时间，绿色的影子和男人分离了。

我看着画面说：“影子，第二个画面并不是脸，而是鬼的影子。”

白翌在纸上写下第二个字：影。

白翌起来倒了一杯茶，递给我说：“于是，这个人一口的名字含义我们也明白了，它的意思就是合字。需要我们合起来拼凑出一个真正的鬼，这就是这部片子要我们做的，我觉得只要把整个鬼拼凑出来，或许六子就有救了。”

我挑着眉毛说：“你那么确定？”

白翌吹着茶水说：“是与不是，就看我们接下去的成果了。目前为止我们知道的只有形，也就是脸，接着是它的影子而已，单单就这些救不了六子。”

我向白翌要了一根烟，淡然地说：“而且，那个东西明显一直都在注视着我们。”

此时已是深夜，风把窗帘吹得乱舞，屋子里的温度非常低。我们心中的疑团还存在着，同样我们也感觉到还有另外一个人正在注视着我们的一举一动，他给了我们必要的提醒，但是却不是真的在帮助我们。这阵古怪的风就像是之前那具尸体的照片一样，他在回应着我们的推理。之后的好几个小时，无论我们如何放大，或者是缓慢播放，都再也无法找到任何有价值的东西，我们再一次地陷入了僵局，这部才十几分钟的短片子，我们反反复复地看了三四个小时之久。

我捂着额头说：“不行了，眼睛报废了，乐敦眼药水都救不了我。”

白翌也看不下去了，他直接捂着自

己的眼睛说："你有什么线索吗？"

我说："没，我已经到极限了。"

白翌没有说话，他捂着眼睛看上去像睡着了，但是我的大脑却在不停地运转，仿佛有什么东西我已经抓住了，但是又无法明白。突然我想到了什么，自言自语说："对啊，和第一次一样，我们两个白痴犯了和第一次一样的错误，我们一味地找脸，第二个镜头内的却是影子，我们这次拼命地找影像，这第三个也许并非是图像呢？"

白翌拿开捂着眼睛的手，他缓缓地坐直，说："好小子……对啊，第一个是形态，第二个是影子，那么第三个画面出现的是猫，这只猫的反应像是听到了什么东西！于是，第三个是听觉！"

我立刻打开电影，我也顾不得邻居会不会上门投诉，直接把音响开到最大。第三个画面里除了捶面团的声音就只有女人低声的说话。说的是家乡话，所以我根本听不懂，我反复地播放着那只猫出现反应的影像，突然白翌说："你听！"

我屏住呼吸，果然在老板重重扔下面团的那一瞬间，我听到了很细微的一声叹息声。几乎在同一时刻，老猫就有了反应。那声音非常轻微，而且只出现了那一瞬间。也只有这只猫注意到这里还有另外一个人，而这个人其实是一个鬼。猫的眼神中充满了对这个未知声音的惊恐与敌意。

白翌快速地在纸上写下第三个词：声音。

于是这个隐藏在片子内的幽灵已经有了一个大概的轮廓，只是光这些依然不够，它还是要我们继续注视它。我此时都能感觉到在这冷冽的夜风中就有这个鬼的气息，它对我们的表现很满意，但，还远远不够。

这个时候已经是半夜两点多了，白翌说："接下去是最后两组镜头，还有什么是我们不知道的。一个人需要有形态、影子、声音，还有什么？"

我没有说，继续播放着第四组镜头，那所学校……

突然门口传来急促的敲门声，我心想完了，估计是邻居被吵醒了，来找我们算账。

我不安地透过猫眼看去，突然发现居然是六子。

我舒了一口气，马上打开门，六子此时只穿着一身病号服，脚上踩着拖鞋，头发乱得像鸟窝，眼睛已经凸得像

ET了，他呆滞地站在门口，我都不知道他是怎么过来的，他身上应该没有钱吧。

我大惊道："你怎么来了？"

六子的视线没有焦点，捏着拳头显然在极力地控制自己的情绪。我又喊了一次，他颤抖地说："学校里有气味。"

我没有明白，六子的眼睛通红，他恶狠狠地盯着我，然后重复了一遍说："是气味。"

白翌说："什么气味？"

六子眼神飘忽不定，他焦急地说："你们闻不到吗？"

我和白翌对视一眼，六子一下子瘫坐在地上，他大口喘着气说："气味，你们怎么会闻不到，难道我又猜错了？"

白翌说："你的意思是你当初看片子的时候，你闻到了味道？"

六子虚弱地点着头，他说："没错，闻到了，就在画面停止的那一瞬间，我的确闻到了，也就是在那个时候我开始没办法控制自己，但是味道非常短暂。"

白翌看着我说："有可能，因为我一直点着熏香，而第一次我们却都没有注意这些，六子也是在反复回想之后才想起来的。"

我提出不同的看法说："但是他现在这样，得出的信息出错的可能性非常大。"

六子虚弱地想要再说什么，但是已经彻底没力气了。我和白翌把他架着拖进房间，让他躺在床上。出乎意料的是，当他进入房间之后，他的呼吸稍微平稳了些，白翌说这可能是熏香的作用。

但是六子说的气味我们并没有闻到，而且我们也没有把握在没有熏香的辅助下去看那部邪得近乎妖孽的鬼片。

六子又开始痛苦地翻来覆去，他自言自语道："不要再想了……没了，真的没了……"

我看着他这样子，担心地说："把他继续送医院吧。"

白翌摇了摇头，他说："没用的，送医院他的情况依然会恶化。干脆赌一把，我撤掉熏香，再看一遍片子。"

我看着六子，说："赌大了吧。"

白翌说："没办法，其他我们都可以证实，但是唯独气味我们只有靠自己去感受，我觉得只要确定了这个，最后一个镜头隐藏的东西一定会呼之欲出。”

我咬着牙说：“灭了，赌一把吧。”

夜风很大，熏香的气息没多久就被风吹散了，在冷清的空气中已经没有了那丝微弱的保障。但是白翌并没有移开水晶，我们所有的保障全都靠它了。

当香气彻底消失之后，奇怪的是居然连风都停止了，此时就连六子也勉强地靠在床头看着我们。当我们把片子直接拉到学校的那个镜头之后，我连呼吸都不敢，全身心地感受着这部诡异的片子，画面来到学校和教室相切换的那一瞬间，我感觉仿佛像是自己的身体颤抖了一下似的，随后便进入了教室，突然停止的风又一次吹了起来，从远处带来了一股非常古怪的气味，的确像六子所说的那样，这股气味很特别。

白翌低声地说：“赌对了，六子说得没错，这组镜头隐藏的气味是……”

他话还没有说完，我看见在墙壁上突然站起来一个影子，我一回头，发现六子不知道什么时候突然站了起来，他的眼神非常狰狞，他恶狠狠地盯着屏幕，嘴里发出嘶啦啦的声音，我和白翌都不敢靠上去，白翌说：“他不是六子。”

我盯着六子说：“六子没有那么狰狞。”

白翌看了一眼六子，又看了一眼屏幕，画面停留在教室里所有人都抬头注视着的那一瞬间。所有人的眼神都是那么的厌恶和轻蔑。六子仿佛无法忍受这种眼神似的一下子冲了过来，我来不及抓住他，他直接向电脑冲了过去，那面挡在屏幕前的水晶顿时被他打碎在地，白翌还没来得及心疼，六子就要砸电脑。这次白翌是真的火了，他直接一把揪住六子的衣领，但是六子此时力气极大，白翌只能勒住他的脖子，对着我吼道：“关了屏幕，他只是对那些学生的眼神有反应！”我连忙关掉显示器，几乎与此同时六子像是被剪断线的木偶一样倒在地上。他捂着自己的脖子艰难地呼吸着。

白翌喘着粗气说：“那味道你闻到了吧？”

我也气喘如牛地拉着六子的胳膊说：“妈的，当然，这味道是福尔马林的气味！”

福尔马林的味道我过去只闻过一

次，但是那么刺激的气味让人闻一次就忘不掉，只是这味道非常短暂，就像一阵风吹过似的。六子被我们压在地上，他呼哧呼哧地喘着气。我们不敢放手，怕他一下子又不对劲。

而现在没了熏香，没了水晶。我们连最后的屏障也消失了。还剩下最后一组镜头的秘密没有被发现。

白翌从台子上扯过字条和笔，他一边写，一边念："脸、影子、声音、气味，最后还会是什么？"

我闭上眼睛，虚脱地说："不知道……要组成一个完整的鬼，还缺少什么？"

白翌说："连水晶也没了，快天亮了，安顿好六子，明天再说吧。"

我点了点头，折腾这一个晚上，我实在没力气了。没想到这部鬼片居然能那么折腾人，从这一点上来说我不得不收回最初认定这是一部烂片的评价。

白翌看着六子，六子又恢复成呆滞状态，但是我们都不敢轻易放松警惕，谁知道这小子什么时候会突然发疯。此时六子又开始喃喃自语道："菊花……"

我拍着他的脑袋说："菊花你妹，你刚才发什么疯啊。"

白翌看着我说："这小子开始想最后一组镜头了。"

白翌话刚说完，本来已经被关闭的显示器不知怎么突然闪了一下，电脑又被打开了。我和白翌都浑身一抖，谁都没料到还有这一手。屏幕依然是最后那个镜头，我和白翌死死地盯着屏幕，我们不知道接下来会出现什么，难道真的像《午夜凶铃》一样爬出一只鬼？如果真的这样，那么《阿凡达》这类的3D电影简直就是低级得不能再低级的货色了。

但是画面却出奇地平凡，就这样定格在最后那朵破败的菊花上面，没有其他反常情况出现。只是六子的状态有些歇斯底里，他居然在哭，我已经被他闹得没了脾气。六子哭得像是一个孩子。我不明白到底这是什么情况。最后一个镜头并没有任何诡异的东西，只是单纯的镜头。

六子呜咽地哭着说什么："好难受，好难受……"

我和白翌盯着屏幕看了半天，最后我只能问："你看出什么名堂了没？"

白翌没有回答我，而是一直盯着屏幕，我心想不会连白翌也中招了吧。这下完了，只有我一个人正常？白翌盯着屏幕，一动也不动，六子趴在地上哭得像是死了爸。我盯着他们两个，大脑一片空白。我已经没有力气再去思考什么片子了，我手头一下子多出了两个神经病！

我闭上眼睛，没来由地想要放弃，我觉得受够了。去他妈的鬼片，实在太整人了。

突然白翌说："最后的是视线。"

我听着白翌的声音非常正常，突然浑身一颤，白翌扶着六子坐到床上，随后对我说："最后的镜头隐藏的是鬼的视线。"

白翌话音刚落，显示屏啪地一声就关了。房间里又恢复到令人窒息的安静。而窗外突然狂风大作。

白翌虚脱地坐在凳子上，他说："脸代表鬼的形态，影子是鬼的动态，接着是鬼的声音，而后是鬼的气息，最后便是鬼的视线。它一直都在注视着我们，就像要我们一直注视着它一样。它灵魂深处的痛楚是孤独和不被重视。"

我疑惑地问："你怎么知道？"

白翌说："我发现镜头有一瞬间闪动了一下，而那个时候六子正好在眨眼睛，所以我才想到其实我们在看着鬼，而鬼通过这部片子也一直在注视着我们。"

我苦笑道："亏你还能联想得出来。"

白翌说："开QQ吧，和那个'人一口'说出答案，并且让他安息。他一定一直都在等着我们。"

我努力地撑起身体，打开QQ，输入了：脸、影子、声音、气味、视线这几个字，随后又打了一句：闭眼吧。

那一直灰暗的QQ突然闪动了起来，它回复道：正确。

而后我的电脑突然死机了，等我再上线，我无论如何都找不到这个名字的QQ好友了。

我看着白翌，白翌累得摆了摆手，表示放弃了。我几乎下一秒就倒向床头睡着了，但大脑里却地无法消散的那朵枯萎的菊花，直到失去意识地入睡。

第二天中午，我刚缓缓地睁开眼睛，映入眼帘的就是六子那张臭脸。他的样子显然已经恢复了正常，虽然脸色还有些苍白，但是眼神已经恢复了往日的神气。

他抱歉地说："哎，这次又全靠兄弟你了。"

我因为用脑、用眼过度，现在觉得像

打了一个晚上的仗，我无视他的存在，转过头继续睡。耳畔似乎听到白翌说："六子，你也不用假客气，单子在这里。我那块水晶是老货了，你懂的。"

六子突然提高嗓门说："大哥，你敲诈啊，哪有那么多东西被我砸了？"

白翌的声音不高，但却非常坚决，他说："不给没事，那片子我还存着，哪天等有空再给你放放，怎么别人都没中招，就你这二百五那么好运？"

六子一时语塞，他低声说："我也没想到其他那些评论居然都是假的。鬼才知道！我以后再也不看了。"

接下去的话我没听进去，又睡了过去，总之感觉自己除了累还是累。直到中午我才被白翌推醒。我因为睡得太久了，大脑有些缺氧，太阳穴两边像是鼓出来似的。

白翌说："那个帖子又能上了。"

我莫名问："什么帖子？"

白翌说："gaze at me。"

我猛地转过头说："事情还没搞定？"

白翌摇头说："不知道，但是这一次很奇怪。它只是一个纯聊天的帖子，并没有什么片子。"

我二话不说起身看着电脑，白翌递给我一杯水，我看着论坛，上面有一个视频，我看着白翌，白翌说："没事，很多人点开看过了。"

我点开视频，开头和那个片子一样，黑色的屏幕，随后是脚步声。画面中出现了一个年轻男人，他缓缓地走进一个房间，里面有一个中年妇女，她背对着男人，在桌子上有一张医院诊断书，上面显示检测出HIV为阳性。

女人没有看年轻人。他拿起诊断书，颤抖着闭上了眼睛，叹了一口气后离开了这栋房子。走出房间的时候外面还是一片漆黑，风很冷，年轻男人搓了搓手，他拿出了一个小型的DV，这个DV很老旧，也许只是山寨货，他追着一只野猫在拍摄，跟着猫窜来窜去。最后猫一下子跑得没影了，突然从小道内窜出了一个男人，这个男人喝得醉醺醺地从树丛内钻了出来，一边拉裤子，一边瞟了他一眼，扔下一句"变态"，就走了。年轻男人垂下了手，抬头看着漆黑的天空，一个人朝着深邃的小道走去。

在那里有一个早点铺子，年轻男人点了一碗汤圆，吃了一半他又拿起了DV拍摄汤圆，铺子的老板娘露出嘲笑的神情，男人收回了DV，随后他没有吃完便离开了。之后他来到学校，早上的校园显得特别热闹，但是男人却显得和这里格格不入。他走在校园内，拿起DV拍着周围的一切，但是他的脸上却显得非常落寞，没有人在意这个人，也没有人在意他心里想着什么，为什么而拍摄着他们。

男人走到教室内，同学顿时都盯着男人看，男人从他们的神情中看到了虚假和排斥，还有已经映入眼里的厌恶。他苦笑着走了出去，之后他低着头，坐着车，来到一个老式公寓，在一栋小楼边上是一个已经被人遗忘的废旧花园，这里很久没有人来了，到处都是垃圾，他拿出DV来回地拍摄，最后他坐在石凳上，把DV放在桌子上，他盯着DV的镜头，一直盯着……

屏幕再一次地黑了下去。片子就这样结束了。

很多人在帖子下留言，有人问这个人是谁，叫什么，有人问他最后怎么了，是不是就是他得了艾滋病，还有人问他是不是后来死了变成鬼。

但是除了疑问，没有人真的给出答案，这个人就像是突然出现的叶子，缓缓地掉落在桌子上，没有人注意过他曾经的轨迹，就好似他无法让人理解的渴望…… 悬疑志

灵异测试：异眼阴阳

文 / 狂海龙少

有眼，通彻万灵，命曰：阴阳。

——《旧道子》

每个人都有两只眼，然而有些人的两只眼从本质上是不同的。眼分阴阳，阴眼可视天地之万物，阳眼则独视人间。婴儿刚出生及其孩童时期，阴阳双眼达到一种平衡，故而有孩童可“通灵”一说。但随着年龄的渐增，阴眼不断地受到人间阳气的侵浊而渐渐退化，最后大家也就“泯然众人矣”了。有些人因伤等原因导致单目失明，如果伤的是阳眼，那么阳盛阴衰的局面便会被打破，因而又可再看到其他的东西，但阴眼受阳气多年，看到的也就模糊不清了。除伤病之外，再通阴眼也并非不可能，以下十道题，只有一定的代表性和广泛性，自我测试一下，看看你的阴眼再通指数，让你真正的——异眼阴阳。

测试开始：

一、在五岁之前，你是否看到过一些别人看不到的东西？

看过（二分）

没看过（零分）

不确定（一分）

二、你是否有一定的感知力，比如经过墓地时会感觉毛骨悚然，而这种感觉的来源并不是来自心理的自我暗示和自然环境的影响？

我的感知力很强（二分）

一般吧，有时会出现（一分）

没有，我的神经很大条（零分）

三、你的出生时间段是下面的哪一个？

晚上九时至凌晨三时，包含晚上九时，不含三时（二分）

凌晨三时至凌晨七时，包含凌晨三时，不含七时（一分）

其他时间段（零分）

四、你是否有过这样的经历：在看一部你事先并不清楚剧情的电影或电视剧时，脑海中莫名地浮现出一些剧情的画面，而这些画面恰恰是接下来播出的？

有（二分）

没有（零分）
或许有，但我记不清了（一分）
五、你是否喜欢看恐怖电影和图书?
喜欢（二分）
一般（一分）
不喜欢（零分）
六、你的胆子怎么样?
我的胆子特别大，几乎没有什么怕的（零分）
一般吧，就是正常人的胆子（一分）
我的胆子特别小，有好多怕的东西（二分）
七、是否经历过一些灵异事件?
经历过，太灵异了（二分）
不确定是不是灵异事件，反正挺怪的（一分）
没有经历过或经历的是伪灵异事件（零分）
八、是否有熬夜的习惯?
我就是夜猫一族，白天睡觉晚上做事（二分）
时有时没有，我的时间不是那么规律（一分）
没有，我讨厌熬夜（零分）
九、是否喜欢去森林、大山等人迹罕至的地方游玩?
喜欢，也经常去（二分）
喜欢，但不经常去或不喜欢但经常去（一分）
不喜欢，也不去那种地方（零分）
十、你对灵异事件的理解是?
是因为确实存在的另一个世界而产生的（二分）
比较中立，谈不上不相信，但也并非完全相信（一分）
不信，只是暂时科学还无法解释罢了（零分）

计算你的总得分，并与下进行对照。

0~5分：

阴眼再通的概率为5%。相对而言十分困难，因为自身的原因，哪怕再通阴眼的机会就在你的眼前，你也可能与之擦肩而过。

6~10分：

阴眼再通的概率为15%。虽不是完全不可能，但概率也十分地低，如果对之十分渴望，建议去试着改变下自己。

11~15分：

阴眼再通的概率为35%。比较中性的一个选项，得到这个选项的你，表示有可能去再通阴眼，你身上的灵性尚未泯灭。当机会来临时，把握与否还是要看自己。

16~20分：

阴眼再通的概率为75%。天生灵性较高的你，有很大的概率再通阴眼，或者说你的阴眼本身就处于一种半开通的状态。对你而言，保护好你的眼是最为重要的。（一笑测之）

黑段子加工厂

板擦的预言／枪手／倒霉的一天　文／王秋声

大衣／镜画缘／梦想成真　文／梁　丙

HEI DUAN ZI
JIA GONG CHANG

尽量短的短篇之一

板擦的预言

学校要举行期末摸底考试了。

按照常规，教导主任要进行考前训话。

他随机抽查了一个班，站在讲台上开始唾沫横飞。但是，仅仅靠演讲，他还觉得不够，刹不住那些企图作弊者的侥幸心理。为了更进一步地显示自己的权威，讲到激情处，他抄起桌边的板擦，说："谁敢作弊，我就把他……"然后，像拍惊堂木一样结结实实地砸了下去。"嘭"的一声中，粉笔屑四散开来，差一点就收到了他想要的结果。当然，这只是事情的一半，另一半的情况是：因为太激动，板擦在桌面上弹跳了两下，划出一个美妙的弧线，从桌子上掉了下去。

弄巧成拙的教导主任的脸涨成了猪肝色，他赶紧弯腰去捡黑板擦，借机挽回自己的颜面。遗憾的是，失去的颜面就像泼出去的水，收不回来了。最后，他只好抱着灰溜溜的心态，绷着脸、硬着头皮，若无其事地离开了。

这件事收到的效果，自然是适得其反。但是，可怕的事情还在后头。

考试过后，学校果然抓到了一名作弊者，巧的是，这名作弊者，就在教导主任随机抽查的那个班里。

学校对他的处理空前严厉，张榜公布外加留校察看。遗憾的是，这名作弊者，是一个争强好胜而又性格内向的人。而且，这是他第一次作弊，出师不利，心情自然极其沉痛，一时想不开，他跳楼自杀了。

当场死亡，而且摔成了肉酱。

自杀事件发生之后，很多人都不约而同地想起了考试之前，教导主任那场别开生面的演讲。还有那个突然从讲台上掉下去的黑板擦。它多么像一个人，凌空而下！

这件事更加蹊跷的地方还在于：那只板擦坠落地面的时候，不偏不倚，砸死了一只蚂蚁！鲜血四溅，把它砸成了肉酱。

枪手

尽量短的短篇之二

据说，最近有一家新开的“枪手”公司很火暴。

当然，火爆还不是它最大的特色，它最大的特色，就是那些前来公司谈生意的人，都即将被一位神秘的不速之客访问。

这位不速之客的名字，叫死神。终其一生，每个人都会被他访问，或早或晚。

于是，就有人开始盘算，怎么才能躲过这一劫呢？或者说，怎么才能延迟死神来访的日期呢？在这种思潮的推动下，枪手公司应运而生。

公司的老板，是一位通灵师，为了赚钱，他真可谓机关算尽。他赖以生存的卖点，就是设法给濒死者找枪手，互换寿命，代替他去死。当然，成为公司客户的前提之一，是你必须有钱。

今天，一个叫李泗的人找上门来。他的心脏坏了，还剩下最后一个月，所以，他热切地希望公司能给他安排一个枪手。

公司果然不是吃素的，很快就给他找了一个，而且还是一位年轻力壮的小伙子。

李泗喜上眉梢，他问小伙子有什么要求。得到的回答是，他要五百万元。

李泗毫不犹豫地给他写了一张支票。

双方签字，完成交易。

接下来，李泗耐心地等待了一个月，果然，从枪手公司传来喜讯，小伙子死掉了！他长长地松了口气。

谁知，就在死讯传来的第二天，李泗也挂了。

原来，他在阳台上浇花的时候，一不小心滑了一下，从三十楼上掉了下去，摔成了稀泥。整个过程，就好像有一只手在拉着他往下跳。

——公司没有告诉李泗的是，那个小伙子一无所有，他最大的梦想，就是赚到五百万，用一个月时间把它们挥霍一空。然后，跳楼自杀。

倒霉的一天

尽量短的短篇之三

今天，宋见可真够倒霉的。

先是闹钟坏了，没有在预定的时间把他吵醒，等他打了个哈欠睁开眼睛的时候，已经比平日晚半个小时了。要想上班不迟到，必须抓紧时间做好个人卫生。结果，就在他慌里慌张地冲到洗手间的时候，一不小心摔了一跤。就这样，他额头上赚了一道伤口。

接着就轮到上班了，因为包扎伤口耽误了本来就所剩无几的时间，他必须改变以往的习惯，乘坐出租车了。可是，偏偏撞上了大塞车。

好不容易，道路疏通了。他火烧火燎地赶到公司楼下，却被看电梯的老大爷告知，今天电梯维修，暂时用不了了。怎么会这么倒霉呢？他叹了口气，极不情愿地去爬楼梯。

公司坐落在八楼，刚出楼梯口，他还顾不上喘口气，就在这时，老板从会议室里走出来。无巧不巧，和他打了个照面。

现在，最后一点侥幸的企图也消失殆尽了。毫无疑问，等待他的将是严厉的批评和扣工资的处罚。他低下头，支支吾吾了一下，准备接受惩罚。

谁知，老板竟然对他迟到的事视而不见，从口袋里掏出一串钥匙，递给他说："我的车在地下室，帮我开出来。"

他诚惶诚恐地接在手里，暗暗松了口气。看来，好运要来光顾自己了。

他马不停蹄地冲到地下室，喜气洋洋地打开车门，小心翼翼地横穿地下室，来到出口。

就在他打着方向盘沿着弧线行走的时候，意外发生了。一道黑影从眼前闪过，因为状况突如其来，他来不及反应，错把油门当成了刹车。

挡风玻璃前顿时鲜血四溅。

他打开车门走下来，顿时感到一股强烈的绝望，他认识这个人，是附近送外卖的。而且，他已经咽气了！

事情要从今天早上开始说起，如果闹钟不坏，如果他不跌倒，如果路上不堵车，如果电梯可以用，如果不是恰好碰见老板，如果他把自己还没有考到驾照的真相说出来，那么，车祸就不会发生。

然而，没有如果。这个世界永远不会发生的事，就是如果后面的事。

看到这里，所有人都会觉得，倒霉的宋见是故事的主角。其实，这严重误会了他。真正的主角，是那位送外卖的。

——昨天晚上，他做了一个梦，梦见自己倒在血泊中，一个额头上有伤的人，撞死了他。

大衣

尽量短的短篇之四

圣诞前夕，小茹的老公从外地给她寄来一件大衣。

大衣的质感很好，软软的、滑滑的、毛毛的，摸起来非常舒服，只是不晓得这是什么动物身上的毛皮。

夜里，小茹被一阵细碎的声音惊醒，声音飘忽、含混，似乎并非人类的语言。她翻身下了床，循着声音一点点摸去，居然走到了衣柜前，她猛地拉开柜门，声音戛然而止。她朝里面使劲张望，黑糊糊的，看不清楚。她不死心，把手慢慢伸进去，突然，一个毛烘烘的东西搭在她的胳膊上，她悚然一惊，禁不住尖叫起来。回过神才发现，那只不过是挂在衣架上的毛皮大衣。

她以为自己睡迷糊了，意识不清醒，出现了幻听。

大衣的肥瘦长短均恰到好处，完全是量身定做，她没想到老公会如此细心。

同事们都纷纷赞叹小茹的大衣漂亮、别致，穿在她身上有一种浑然天成的感觉。她心里美美的，笑得异常灿烂。

不过之后发生的事情，却让小茹始料未及。

每天晚上，小茹都会被那个声音吵醒，而且越来越清晰，她可以断定那是来自野兽的声音，只是她不晓得那是什么物种，它到底在说些什么。

另外小茹越来越依赖那件大衣了，她舍不得脱下来，甚至连睡觉的时候都穿着，似乎只要一脱下大衣她就会浑身不舒服，没有半点自信。渐渐地，她听清了那个声音，是从大衣里面传出来的。那个声音一直在她耳边萦绕，似乎在向她倾诉。

小茹的食量大得惊人，她现在最喜欢吃那些新鲜的生肉。

大衣越勒越紧，将小茹的身体紧紧包裹起来，那上面金灿灿的毛，穿过她的汗毛孔，深深地扎进她的肉里，一根一根，密匝匝地连成了一片，在阳光下露出油亮的光泽，那么的鲜活。

而此时，她再想脱下那件大衣，已经是万万不能了，那件大衣如今已经长在了她的身上。

每到夜晚，她就会溜出家门，在小区里寻找食物。

小区附近的猫、狗、老鼠等等相继灭绝了。

没办法，她决定去东北。

那个声音似乎也在召唤她。

茫茫雪原，小茹感到无比兴奋，她抖了抖金灿灿的皮毛，慢慢地弯下腰，四脚着地，撒欢地往树林深处跑去。

可是没跑出多远，突然一声枪响，小茹顿时感到太阳穴有些微凉，一颗子弹穿了过去，殷红的鲜血顺着脸颊流下来，小茹没来得及发出一点声音，便轰然倒下了。

弥留之际，她听到有人在说话："哎呀，今天真是幸运啊。这么好的皮毛，给我媳妇做大衣再合适不过了……"

小茹想要阻止他，可是喉咙里发出了奇怪的声音，很像，很像是她之前夜夜听到的那个声音。

尽量短的短篇之五

镜画缘

陈伟霆的朋友在树村开了一间小酒吧。

虽然地段不算太好，不过靠着圈子里的一点名气和影响力，还是聚拢了一大批流浪艺术家，所以这里时常会举行一些艺术沙龙。

酒吧营业了一段时间，不过陈伟霆一次也没去过。

周末，他终于闲了下来，便想过去看看。

酒吧在一个胡同里，他开车兜了几圈才找到。

室内的装修风格，略显神秘，墙面上绘制了一些简练的线条，有符号，有几何图形，也有文字，那些文字像是一排排列队向前爬行的蛇，透着说不出的阴冷。

未过午夜，客人不多。

陈伟霆和朋友拣了一张靠里面的桌子，四周黑咕隆咚的，桌子上点着蜡烛，烛火轻轻摇曳，墙上的影子立刻鬼鬼祟祟起来。

两个人聊得兴起，不知不觉喝干了几瓶红酒。

他感到腹胀，起身去了卫生间。

洗手的时候，他瞥了眼镜子，突然一个白花花的身影，一闪而过，他喉咙一紧，身体禁不住打了个冷战，他猛地转过头去，结果什么也没看到，他揉了揉眼睛，以为自己喝多了，眼花了。

他踩着轻飘飘的脚步往回走，心里一直在犯嘀咕。

“刚才是什么东西？”

陈伟霆把刚才的事情和朋友一说，朋友立刻瞪大了眼睛，“你说，你在镜子里看到一个白影？”

“是啊！”

“可是卫生间里没有镜子啊！”

“不，不可能！我带你去看看！”

陈伟霆不由分说拉起朋友就往卫生间走。

“你看，这，这不是镜子吗？”

他气嘟嘟地指着对面的墙。

“呵呵，你仔细看看那是镜子吗？”

“哎？”

他仔细打量了一番，原来墙上是一幅画。

朋友说：“这其实是给你画的一幅半身像，利用透视关系，将你身后的瓷砖墙也画了进去，所以……对你来说，像是一面镜子……”

“哦！”陈伟霆尴尬地笑笑。

他又看了看画像，画得真是传神，就像是在镜子里看自己一样。

画上的人，抿着嘴，眉毛上挑，似乎遇到了什么开心的事情。

陈伟霆突然发觉“他”有些不太寻常，“他”的嘴角越咧越大，终于憋不住了，“他”扑哧笑了起来。

尽量短的短篇之六

梦想成真

周末。秦平和方木相约到远郊去狩猎。

经过几个小时的长途跋涉，汽车终于停在了山脚下。

放眼望去，满目苍翠，一派原始风貌。

山路崎岖，两个人端着猎枪，一前一后朝着森林深处走去。

刚翻过山坡，天空便暗了下来，两个人不约而同地打了个冷战。

“这个地方我好像来过……”

“什么时候，我怎么不知道？” 方木被秦平冷不丁冒出的话头吓了一跳，声音有些颤抖。

“昨天我做梦来过这里……”

“呵呵，你可真逗，做梦也能当真。”

秦平歪着脑袋看了看，然后自顾自地朝前走去。

“喂，等等我啊！”方木在后面喊道。

秦平脚步轻快，熟门熟路的。

“我记得前面树上系着一条红布条。”

“……没……没这么……夸张吧！”

方木喘着粗气追上来。

没走出多远，方木便愕然发现，在一棵白桦树上果然绑着一条红布条，血红血红的颜色，随着风轻轻飘摇，像是在召唤他们。

“这，这怎么可能，太邪门了。指定是被你凑巧蒙对了，是不是？”

“路的尽头，是一条浅浅的小河，在河畔有一间小木屋……”

秦平眼神迷离，好像魂魄被勾走了一样。

“别说了，咱们还是回去吧！”

“你不是不相信我吗？”秦平歪着脑袋，轻蔑地笑笑。

“我相信，我相信好了吧！”

“我想知道那个姑娘想要对我说些什么。”

“什么姑娘？这荒山野岭的……你别吓唬人了！”

方木平素胆子就比较小，他使劲攥紧了猎枪，谨慎地扫视了一圈，如临大敌。秦平看在眼里，心里有着说不出的痛快。

拨开灌木丛，趟过一条小河，一座小木屋真的出现在了眼前。两个人不禁都有些心慌。秦平故作镇定，他没想到自己随随便便做的梦居然成真了。

小木屋是由几块杉木板围成的，外侧的树皮还没有被剥掉，看起来非常粗犷，当然也更加隐蔽。

“走啊，怕什么，看看里面有什么呀。”

秦平招呼着方木往前走。

“我看还是算了吧！”

“快点跟上，别磨磨蹭蹭的。”

当秦平推开那扇歪歪斜斜的木门时，一股恶臭扑面而来，差点将他击倒，他连忙捂住鼻子，皱了皱眉头。

屋内昏暗。秦平感觉右脚碰了什么东西，低头一看，在脚边躺着一具高度腐烂的尸体。

“啊！”秦平不由得尖叫了起来。

尸体双腿痛苦地蜷缩着，脑袋上边有个窟窿，身体上的肉已经所剩无几，白花花的骨头触目惊心，一群群苍蝇在眼前飞来飞去。

秦平朝后退了几步，掉过头，发现方木堵在门口，由于逆光，他的面目有些模糊。

“里面有尸体，我们快去报警吧！”

“你的梦没告诉你接下来会发生什么吗？”

“什么意思，现在不是开玩笑的时候……”

秦平这时才发现方木已经举起了猎枪。

“你，你这是要干什么？”

“我不是警告过你不要来了嘛。你偏不信，既然被你知道了……”

“不要啊！”

“砰”的一声，秦平倒下了。

“好了，现在你可以继续做梦了。”

方木拍拍手，重重地关上了木门。悬疑志

新书抢先看

xin shu qiangxiankan

查卜楔4 蟧忿脟邻

逐愿尸奴

文/求无欲　图/七彩明明

引子

一

子夜，一个散发着浓郁芳香的淡绿色身影，于寂静的陈氏墓园中飘荡。

“此地尚可，乃难得的养尸之地，今夜就在此稍事休息。”成熟而优雅的女性声音从淡绿色的身影中传出。

这是一个诡异的身影，在朦胧的月色下犹如鬼魅一般，艳丽且神秘。淡绿色的绸缎宛若来自山间的瀑布，从宽大的斗笠边缘直冲入地，使高贵的躯体完全隐藏于碧水般的恬静之美当中，仅从绸缎缝隙露出一只迷人的紫色眼眸。

她在一块墓碑前席地而坐，淡绿的绸缎与长及膝盖的茂盛野草融为一体，宛若隐藏于草丛中的薰芳花蕊。虽不显露于人前，但亦难掩浓郁的芳香。

不消片刻，于绸缎缝隙中若隐若现的美眸突然闪耀出神秘的光芒，诡秘的笑声随即于墓园内飘荡："嘻嘻……没料到竟有如此凑巧之事，当下仍有鲜嫩的尸体，且葬于养尸之地，还让吾遇上，实乃天大巧合。"言尽，便站起来"走"向墓园深处。

从斗笠边缘垂下的绸缎，不长不短，刚好垂到地上，使她的双腿不露于人前。而且她的步伐极为平稳，与其说"走"，还不如说像鬼魅般"飘"。

她看似缓慢地飘动，但一瞬间便已到达墓园深处，于绸缎缝隙中隐现的美眸，散发出邪恶的气息，默默凝视足下松散的泥土。良久，优雅的声音从绸缎内传出："心愿未了，何以心安；心神不宁，皮囊不化；煎熬七魄，禁锢三魂……与其保存肉身于此养尸地之中，承受永无休止的痛苦，何不与吾作一交易，了却遗愿……"话毕便是良久的沉默，她似乎在等待某人答复，但在这死寂的墓园里，除了她就只有沉默的尸体。

"吾就知道汝不会错过此难得的机遇，嘻嘻……"她于诡秘的笑声中蹲下，一条完全包裹于洁白绷带内的手臂从绸缎缝隙中缓缓伸出，落在松散的泥土之上，优雅的声音再次于寂静的墓园中回荡，"若要吾出手相助，必须付出相应的代价，汝此刻唯一能与吾交易之物，乃汝一副臭皮囊而已。"

死寂再次笼罩着阴森的墓园，良久之后她再度开口："汝确定与吾交易？此乃不可反悔之事，心愿得了，汝的一切都归吾所有，包括汝的肉身与灵魂。"

又是良久的沉默，她的声音再次响起时，语气略带不悦："汝乃已死之身，竟敢与吾讨价还价！罢了，吾就当积德抵孽，替汝出了此口怨气，但汝需向吾奉上此生最珍贵之物。"短暂的沉默后，她便笑道，"嘻嘻……凡历红尘种种，皆有各自之珍宝。汝非不曾拥有，而是懵然不知罢了。反正汝已无缘于尘世，何等珍贵之物亦带不进冥府炼狱，予吾又有何不可？"

话毕，洁白的绷带下似乎有微细的东西在蠕动，不一会儿，一条通体血红、长约半截小指的幼小蛆虫从绷带下钻出来，掉落地上。

血色蛆虫非常活跃，落到地上便立即钻进泥土里。片刻之后，从泥土里传出一声可怕的呻吟，松散的泥土随即朝天飞弹，一只苍白的手臂破土而出……

二

夜深，偏僻的田园小路上虫声低语，恬静中隐约有一份肃杀的气息。

三名学子于朦胧的月色下，摇晃着朝校园前进。突然，其中一名瘦削的男生停下脚步，蹲在路边不停地呕吐，吐得连眼镜都丢到地上。

同行两人中一名肤色黝黑的健壮青年，在他背部拍了几下，笑道："小麦，你不能喝就别喝那么多，看你现在这熊样多丢人。"

小麦把腹中一切吐个干净后，拾起眼镜戴上，回头道："不喝白不喝，反正又不用我埋单。"

同行的另一人是个胖子，他瞥了小麦一眼，讥讽道："就算有梓轩付账，你也不用这么拼命吧！要是喝死了，他可不会为你的后事埋单。"

小麦没有理会胖子的嘲笑，继续蹲着稍事休息。突然，他紧张地往四周张望，似乎想到些可怕的事情，哆嗦着向健壮青年问道："恺敏，我们怎么会走到这条路上？"

"走这条路回学院比较快啊，走大路的话起码要半个小时，从这里走十来分钟就行了。"恺敏不明就里地回答。

"不行，不行，我们马上回去，晚上绝对不能走这条路。"小麦似乎在一瞬间便醉意全消，急不可耐地往回走。

"你发什么酒疯啊！"胖子一把揪住他的后领，借着酒劲把他瘦弱的躯体提起来，"刚才老子说继续喝，你他妈说一口也喝不了，非要马上回宿舍睡觉。现在快到学院了，你又要老子走回头路！是不是想老子揍你一顿？"

"树哥，这条路真的不能走……"小麦于哀求中欲言又止，不停地向对方使眼色。

"为什么？"胖子发出愤怒的咆哮，并没有会意对方眼神中传递的信息。

恺敏上前劝阻并问道："我们之前也经常走过这条路啊，一直都没出过问题，小麦你今晚怎么了？"

“墓园，前面的墓园……”小麦指着远处隐没于高大榕树丛中的阴森墓园，一再对胖子使眼色。

“那墓园关我们屁事啊！”胖子怒目圆睁，举拳欲打。他的记忆显然因为酒精而变得模糊，忘记了一件极其重要的事，以致完全没能领会对方的暗示。

恺敏连忙把两人分开，拦住胖子劝说道：“方树，你喝多了，大家都是好兄弟，干吗要动手动脚呢？”

小麦怯懦地后退几步，欲言又止，经过反复思量后才开口：“树哥，这条路真的不能走，你不记得学长曾经说过，那墓园里遍地都是无名尸吗？”他在“无名尸”三字上加重了语气，想给对方最后的暗示。

胖子愣一愣，似乎已领会对方的暗示，却因恼羞成怒，只冲对方叫骂：“老子就是要走这条路，你丫要是不走，我现在就把你埋在墓园里！”

小麦抱起双臂，于略带寒意的晚风中微微颤抖，好不容易才从牙缝中挤出一句话：“打死我也不走。”

“我看是不想活了。”胖子欲推开恺敏，上前打他。

“方树，你喝多了……”恺敏竭力拦住胖子，并回头对小麦骂道，“你别再说话行不行，少说一句又不会死！”

在两人推搡的时候，小麦突然目瞪口呆地指着远方，颤抖地说：“婷、婷悦……”

胖子不自觉地颤抖了一下，随即怒吼：“老子今晚就算不把你埋了，也得把你裤裆里的把儿拧下来！”说罢便使尽全身的蛮力把恺敏推倒，冲到小麦身前揪着他的衣领，举起拳头准备暴打一顿。

“婷悦，真的是婷悦……”恺敏凝视着墓园的方向叫道。

胖子猛然回头，随即发出惊恐的叫声：“哇，鬼啊！”

他之所以如此恐惧，皆因榕树下那个婀娜的身影。

朦胧的月色之下，一名浑身沾满污泥的女生，正以诡异的步伐从墓园里走出来，缓慢地向他们靠近。凌乱的长发遮盖了她大半张脸，只露出一只血红的眼睛和铁青的脸颊。

恺敏呆若木鸡地看着昔日熟识的秀丽女生，此刻以诡异且不堪的姿态呈现于眼前，直到听到小麦惊叫“快逃”才回过神来，跟同伙一起连滚带爬地逃走……

第一章
美院凶案

猿鸟犹疑畏简书，风云长为护储胥。

徒令上将挥神笔，终见降王走传车。

管乐有才真不忝，关张无命欲何如?

他年锦里经祠庙，《梁甫吟》成恨有余。

李商隐这首《筹笔驿》，充分展现了诸葛亮出师未捷身先死的感慨与遗憾。人生苦短，要做的事情数不胜数，但人往往又不懂得珍惜时间，无数理想与抱负因此湮灭于时间的洪流当中。

当生命到达尽头的时候，如果有方法能延续生命，但必须为此付出沉重的代价，您会为完成心愿而不惜一切吗?

鄙人慕申羽，是一名专门处理超自然案件的刑警，隶属于省公安厅秘密成立的“诡案组”。因为工作的关系，我经常会接到一些不可思议的案件。这一次我将要接手的，是一宗为完成心愿而超越生死的离奇案子……

老大梁政挺着他的腐败肚走进诡案组办公室，随即向我招手：“阿慕，省美术学院出了宗闹鬼的案子，阿杨处理不了。你跟蓁蓁去找他，把案子接过来。”

蓁蓁哆嗦了一下，怯弱地问：“闹鬼了?是怎么回事呢?”

“要知道是怎么回事，还用得着你们吗?快干活去！”老大大手一挥，把我跟蓁蓁轰出门外。

省美术学院这宗案子本来由杨帆处理，他这个刑侦局小队长虽然办事牢靠，但脑筋比较呆板，每次遇到奇怪的案子总是塞给我们处理。而且每当这个时候，他办公桌上的烟灰缸一定会堆满烟头，这一次当然也不例外。

我跟蓁蓁走进他的办公室，他紧皱的眉头才得以舒展，连忙请我们坐下。不需我们道明来意，他便简要地向我们讲述了案情——

案发时间是三天前的深夜。

当晚省美术学院三名学生——方树、麦青河及黎恺敏，在院外跟其他两名同学到KTV消遣。其后三人步行返回学院，于途中受到“不明物体”袭击，麦、黎两人侥幸逃脱，并致电110报警中心求助。

我跟伙计们赶到现场时，凶手早已不知所踪，只发现一名倒在血泊中的男生，后经证实是美院学生方树……

这回轮到我皱起眉头：“不明物体？不会是外星人吧！”

阿杨又点起一根烟，摇了摇头：“用不着外星人来捣乱，这宗案子就已经够悬的。”

“是鬼魅作祟吗？”蓁蓁的脸色不太好。

虽然跟我一起处理过不少诡异的案子，但蓁蓁至今仍非常畏惧虚无缥缈的鬼魅，这跟她剽悍的外表格格不入。

“到底是什么状况，难倒了我们英明神武的杨队呢？”我调笑道。

“你就别笑话我了。”阿杨没好气地吐了口烟，“本案的两名幸存者，分别给我们两份截然不同的笔录，麦青河一口咬定凶手是鬼魅，而黎恺敏则说凶手是美院的一名女生。”

“这还不好办吗？先调查这名女生，确定她是否有行凶的可能性就行了。”每个人都有各自的观点与视角，相同的事情在不同的角度下，会得出截然不同的结论，本来就是很平常的事情。而在两名幸存者的口供当中，黎的说法显然更为可信，我实在不明白到底是什么事情会让阿杨如此愁眉不展。

“这还用你说吗？我早就调查过了。”阿杨把烟头插入插满烟头的烟灰缸，随即又点了根烟，“疑凶名叫沈婷悦，是一名身高159厘米、体形清瘦的文弱女生。而死者方树却是身高182厘米、体重超过90公斤的大胖子。根据现有证据，凶手的行凶方式极有可能是徒手袭击。你认为一个瘦弱的女生，有可能赤手空拳把一个大胖子干掉吗？”

“这个可能性也不是完全没有，得看凶手是什么人……”我没有继续说下去，只是朝蓁蓁健美的身体瞥了一眼。

她杏目圆睁地瞪着我，不悦地问：“看着我干吗？”

“你想说凶手曾经习武吧！”阿杨摇了摇头，“我也有考虑过这个可能，不过根据我的调查，可能性不大。沈的体能并不出众，体育成绩一般，体能测试通常是仅仅合格，就连提行李上楼也要同学帮忙。而且……”

“而且什么？”蓁蓁的急性子最容不得别人卖关子。

阿杨挠了下头才说：“这宗案子最怪异的地方在于，沈在案发前一个月，莫名其妙地失踪了。事发当晚突然蹦出来，事后又不知所踪，就像一只来无影去无踪的鬼魅……”

我突然察觉到一丝异样，转头询问身旁微微颤抖的蓁蓁是否感到害怕，她逞强地回答：“我哪有害怕！”

我强挤出一副笑脸：“那你别老扯着我的衣服行吗？袖子快被你扯下来了。”她尴尬地把手缩回去，不再说话。

我继续跟阿杨讨论，并指出疑点：“鬼魅没有实体的精神能量，不可能给人物理上的伤害，顶多就是吓唬一下人，把人吓个心肌梗塞什么的。如果沈婷悦真的是鬼魅，那她就不可能是袭击死者的凶手。”

“如果她是人而不是鬼，那也不可能放倒一个体形能顶她两个的大胖子啊！”阿杨的反驳不无道理。

如果凶手是人，要徒手杀死体重超过90公斤的死者，虽说不是没有可能，但以正常女生的条件判断，可能性几乎为零；如果凶手是鬼魅，虽说可能拥有超越常人的能力，但在我的知识范围内，鬼魅是一种没有实体的精神能量，不可能给人物理上的伤害。这是一道逻辑上的难题，不管凶手是人还是鬼，都难以作出合理的分析。

如果凶手既不是人，也不是鬼，那又会是什么呢？为了找出答案，向阿杨道别后，我跟蓁蓁便立刻前往省美术学院。

因为案发当晚能及时逃脱，所以麦青河及黎恺敏并没有受到伤害，在刑侦局做了笔录后，便返回学院正常上课。他们都是本科四年级学生，而且是同班同学，可惜我们达到学院时已是傍晚时分，所以没有去教室找他们。在路上询问了好几名学生后，得知他们两人分别在宿舍及篮球场，于是便分头去找他们谈话。

我让蓁蓁去找麦青河，而我则负责找黎恺敏，可是她却推搪说："阿杨说这小子神神道道的，还是你去找他吧，反正你们都是一个德行。"

"我就是想让你也跟我一个德行。"我笑着推她往宿舍的方向走，"别那么多抱怨，快去干活。"她回头做了个鬼脸，然后小跑着离开我的视线。

我让她去找满口鬼话的麦青河问话，其实并不是故意为难她，而是觉得向黎恺敏问话能得到更为客观的信息。毕竟，在我的认知范围内，鬼魅不可能给人物理上的伤害。可是麦青河显然已经认定死者是被鬼魅所杀，很难想象在他口中能了解案发时的真实情况。

黎恺敏是个身材高大、肤色黝黑、体格健壮的青年，给人一种很阳光的感觉，我来到篮球场一眼就认出他了。然而，此刻我并没能看见他在球场上的英姿，因为他一直坐在场外低头不语，一副愁肠百结的模样，跟他外表的阳光气息格格不入。

我想，如果不是因为牵涉凶案，他的高校生活一定会很精彩。

我向他道明来意时，他没有太大反应，想必是这两三天阿杨等人经常过来找他问话。相反，球场内外的学子们却交头接耳、窃窃私语，还不时有人对他指指点点，显然我的到来又使他成为同学们的话题中心。

"这件事给你造成困扰了吗？"我跟他于校园中漫步，并给他递了根烟。

"我不抽烟。"他礼貌地婉拒，坐在花坛旁边的长椅上轻声叹息。经过良久的沉默之后，他才再度开口，"如果说没有，肯定是骗你的。我之所以到球场上发呆，就是因为不想一个人独处，让自己钻牛角尖。身边的好友突然死了，怎么说心里也不会

好受，更何况当时我跟他的距离是如此之近。如果我没有提议抄近路，如果我不是因为害怕而逃跑，如果当时我能拉他一把……”他苦恼地以双手抹脸。

“你无须过于自责，就算你留下来帮他，也不见得能改变现状。”我坐在他身旁，轻拍他的肩膀以示安慰。

“最起码我不会为此而感到内疚。”他以忧伤的眼神凝望苍天，仿佛在寻觅身处天堂的同伴。

“或许，你能为他做点事以减轻心中的内疚。”我点了根烟，跟他一起仰望穹苍，“能告诉我当时的详细情况吗？”

他默默点头，在仰望苍天的同时，向我讲述案发当晚的情况——

那天，梓轩为了庆祝岚岚获得省美术作品展的二等奖，请我跟方树、小麦到商业街的KTV玩。梓轩因为高兴，刚坐下就叫来了几瓶芝华士。开始时我们还兑绿茶喝，后来喝多了，就干脆不兑直接喝纯的。洋酒不比啤酒，喝的时候没什么感觉，但后劲来得很猛，喝到最后我觉得脑袋里面装着的全都是酒，连眼睛都变得模糊了。

梓轩跟岚岚在商业街附近的塘仔村租了房子，吃完夜宵后他们就先回去了。方树本来还想换地方继续喝酒，但我跟小麦已经喝得东倒西歪了，只想尽快回去休息，好不容易才拉上他一起回宿舍。

那晚我实在喝太多了，走路时双脚就像踩在海绵上一样。小麦也好不到哪里去，要不是我扶住他，他说不定会直接躺在地上睡到天亮。所以我就提议走小路回学院，因为走大路回去起码要走半小时，但走小路十来分钟就能到学院后门。

走小路要经过一个阴森恐怖的墓园，听说那些黑道大哥杀人后，会把尸体埋到墓园里。所以里面埋了很多身份不明的尸体，是个怨气冲天的地方，就算是白天也很可怕。除非是一大群人，否则我们晚上一般不会走这条路，但当时我们都喝了很多酒，借酒壮胆就觉得没什么好怕的。

我们一路摇摇晃晃地走着，走到距离墓园大概还有一百来米的地方，小麦突然蹲下来呕吐，我跟方树只好停下来等他。就在这时候，一个黑影从墓园里走出来。

那黑影看起来走得很慢，但不一会儿就来到距离我们不到二十米的地方，借助朦胧的月色，我依稀能看清楚对方的样子。虽然她头发凌乱且浑身污泥，但我还是认出她就是我们的同学沈婷悦。

方树跟小麦大概是被婷悦的模样吓到了，他们俩也不知是谁大叫一声“鬼啊”，然后就一起连滚带爬地往回跑。虽然我不认为世上有鬼，但婷悦此时的模样的确非常吓人。而且她一路走过来都是摇摇晃晃地缓步前行，但这时候猛然向我们扑过来，我心里一慌，就本能地转身逃跑。

我是篮球队的队员，平时经常锻炼，所以跑得比方树他们要快得多。而小麦是只孱弱的四眼龟，在我们三人中，他跑得最慢。我从后追上他，就顺手拉他一把，拖着他继续跑。

当时，方树在右边，而我则在左边，因为有小麦挡在中间，我拉不到他。而且他的脾气比较倔犟，我想要是我主动去拉他，他可能会把我的手甩开。所以，我就没有管他，只是拖着小麦拼命地跑。如果我知道只要拉他一把，或许就能救他一命，我一定会牢牢地抓住他的手。

可惜我当时并没能预料到这个可怕的结果，只是拉着小麦拼命地往前跑。我们跟方树的距离渐渐拉开，我怕他会跟不上，很想回头看看他的情况。可是我心里实在太害怕了，怕回头看见的会是一个可怕的画面。头皮发麻的感觉，使我的脖子不能挪动分毫。

突然，身后传来一声让人毛骨悚然的惨叫，我终于忍不住回头看了一眼……这一刻所见的画面是我至今所见到最可怕、最令人心胆俱裂的一幕。

当时方树跟我的距离大概只有一米左右，月色虽然不是很明亮，但我看得还是很清楚。他痛苦的表情、求救的眼神，此刻仍清晰地呈现在我的脑海当中。不过，最让我感到恐惧的，是他身后那个犹如野兽般的身影。

婷悦……我不知道是否还该这样称呼她，因为此刻的她，跟我之前所认识的婷悦截然不同。虽然只是看了一眼，虽然只是短短的一瞬间，但却深深地震撼了我的心灵。她铁青的脸上沾满了污泥，平日友善的眼眸隐藏于披散的头发当中，闪烁着令人畏惧的凶光。她扑到方树背上，一手掐着他的脖子，一手抓着他的左额，细长的小指顺势戳入眼眶里，在方树撕心裂肺的惨叫声中，大张嘴巴狠狠地往右额咬下去……

这一切只发生在一瞬之间，方树因为惯性而被扑倒。随即，在他撕心裂肺的惨叫声中，婷悦以纤美的双手，疯狂地绘画出一幅血肉横飞的地狱图。

眼前这可怕的一幕，使我陷入崩溃的边缘，完全丧失了思考能力。那一刻，在我脑海里就只有一个念头——逃！

我拖着小麦不停地跑，用尽全身力气往前跑，双眼只敢望向前方，一刻也不敢回头。我害怕一回头就会看见浑身鲜血、目露凶光的婷悦已经近在咫尺。

我发狂地往前跑，直到小麦跑不动的时候，我才发现已经回到了灯光明亮的商业街。当看见几名从KTV里出来的学生时，我才稍微觉得有一点安全感，并想起方树还身处险境，便立即掏出手机报警……

听完黎恺敏的叙述后，我对案发时的情况已有了初步的了解，跟我之前的推断相似，凶手是有实体的“人”，而非虚无缥缈的鬼魅。当然，以一个正常女生的体能，是不可能以如此残暴的方式杀死身形肥壮的死者，所以凶手极有可能并不是人。

但倘若凶手并不是人，那又会是什么呢？为了解开这个疑问，我必须先确认其身份，于是便向黎恺敏求证，他是否确定凶手就是沈婷悦？

他默默点头：“虽然当晚她的模样很奇怪，满身都是污泥，仿佛刚从泥土里钻出来似的，但是我能确定她就是婷悦。”

“为何如此肯定？”

“那是因为……”他的神色略显尴尬，“婷悦是我们学院的院花，我之前曾经追求过她，可惜被她拒绝了。虽然我们做不成情侣，但平时还是有来往的，所以不可能认错。”

既然幸存者已确定了凶手的身份，那么接下来就该把重点放在这个名叫沈婷悦的女生身上了，于是我便问道：“能告诉我一些关于她的事情吗？听说她好像已经失踪了一段时间。”

“这件事很奇怪。”他满脸疑惑地紧皱眉头。

“何以见得？”我问。

“刚刚结束的省美术作品展，婷悦也有报名参加，而且对此非常重视，希望能凭借这次参展在美术界闯出名堂。可是，在展览快要开始的时候，她却突然失踪了，你不觉得奇怪吗？”

或许，这是一条线索。

第二章 关键疑点

跟黎恺敏道别后，我没有立刻去跟蓁蓁会合，而是往沈婷悦的寝室走了一趟，希望能从室友口中了解她的情况。

我根据黎恺敏提供的信息，找到沈婷悦所住的寝室，刚来到寝室门前，便听见几名女生的交谈声从寝室里传出。

“那个叫方树的大胖子，真的是被婷悦杀死的吗？”

“不可能吧，婷悦怎么会杀人呢？她平时那么文静，连大声骂人也不会，别说大胖子了，我怕她连杀鸡的力气也没有。”

“那也不一定，你们没见过她发火而已。”

“她什么时候发火了，我还真的没见过。”

“是啊，我也没见过耶。”

“那次我跟她画画时打闹起来，一不小心弄坏了她的画，她气得头发几乎竖起来了，像要把我杀掉似的。”

“之后呢？”

“之后嘛，其实也没什么，她只是凶巴巴地推了我一下，然后就不跟我说话了。不过，隔天她却主动向我道歉，害得我很不好意思啊，这事明明是我不对的。”

很平常的几句闲话家常，但已能让我大概了解沈婷悦的性格，也就没必要继续听下去。毕竟偷听人家女生的闺阁密语，不是一件道德的事情，于是我便轻轻敲门。

给我开门的是一位很有朝气的女生，我向她表明身份及来意后，她告诉我她名叫赵娜，是这个寝室的室长，也是沈婷悦的同班同学。

随后，我在寝室里向赵娜及其他室友了解沈婷悦的情况，她们你一言、我一语向我讲述婷悦的为人及家庭背景——

婷悦长得漂亮，是个文静的女孩子，在外面不怎么说话，总给人一种冷冰冰的感觉，班里的男生给了她一个“冰山美人”的称号。不过，她在寝室里话可挺多的，跟室友几乎无所不谈。虽然她家境不好，但她不是那种过于自卑的人，并没有刻意隐瞒自己的家境。

其实，她的身世也挺可怜的。

她父亲在外面做生意赚了些钱，竟然学人家包二奶。后来二奶给他生了个儿子，他就干脆不要她们母女，在她十岁的时候跟她母亲离婚了。这些年来她父亲几乎没管过她的死活，充其量也就是偶尔打电话过来问问她的情况，不过也只是问候一下而已，有什么状况也别指望他会帮忙解决。就连她上美院的学费，也是母亲跟娘家的亲戚借来的，父亲连一毛钱也没给过。

她母亲没什么文化，靠给人家做保姆把她养大，还供她来这里读书。因为母亲的收入不高，父亲又没给她任何形式的经济支持，所以她平日十分节俭。还好，她在学习方面很出色，不但每次都能拿到奖学金，而且她还经常参加一些地方性的小画展，一般都会有收获，在经济上的压力不算很大……

她们非常详细地告诉我有关沈婷悦的情况，但这些并不是我需要的信息，对本案的调查作用不大。我最想知道的，是她为何会在一个月前失踪，以及失踪之前有何异常举动。

“其实也没什么不对劲的地方，她在失踪之前一直在准备参加省美术作品展的作品，经常独自在画室里待到很晚。”一名长发女生说。

“这个作品展很重要吗？”我问。

“嗯，对她来说，的确很重要……”说话的是赵娜，因为她跟沈婷悦的关系很好，对这件事比较了解，所以接下来主要是她向我讲述相关情况——

婷悦之所以参加画展，一方面是为了得到奖金继续学业，免得母亲终日为她的学费苦恼，同时她更希望自己的能力能得到肯定。说实话，她的画功真的非常好，尤其是在油画方面，每幅油画都画得很有意境。每次跟她一起画画，我都会觉得很泄气，她的画功跟我们根本不是一个水平的。我想如果她不是因为太年轻，她的作品一定能卖出天价。

或许你对这方面不是很了解，美术界基本上都是按资排辈，年轻的画手要闯出名堂并不是一件容易的事情。但是她可不这么想，她认为是金子就总会发光，所以才会经常参加画展，希望在画展中能遇到她生命中的伯乐。

然而，像我们这种小辈，是不可能拿到大型画展的入场券的，只能参加一些地方性的小画展。她之前也在画展中卖过几幅作品，不过价钱就比较不理想，只能算是帮衬一下学费和生活费。毕竟是小画展嘛，来的大多都是些不懂艺术的人，当然不会出较高的价钱，也不会有什么大媒体过来采访报道，拍卖行的买手更加不会在这种地方浪费时间。

虽然如此，但她并没有灰心，依然很努力地画画，继续参加各种各样的小画展。可能是皇天不负有心人吧，前些日子她终于等到一个梦寐以求的机会了。

刚结束的省美术作品展，虽然不算是有名的大型画展，但也有不少拍卖行的买手参加，偶尔也有画手通过这类展览一夜成名。而且最重要的是，我们这种毫无名气的新人也有机会参展，对我们来说是个千载难逢的机会。

不过，虽然我们也有机会参展，但也不是谁都能拿到入场券的。因为除了本省一些小有名气的老画家之外，全省各美术学院都会派老师和学生参展，所以参展的名额非常有限。我们学院这么多人，也就只有十个名额，而且光是老师就已经占了一大半，剩下的名额分配到我们这一届的就只有一个。

虽然这个名额的竞争异常激烈，不过就像婷悦说的那样——是金子就总会发光。因为婷悦画功并不比老师们差，而且她之前参加过不少小画展，参展经验非常丰富，所以这个名额落在她手上可以说是众望所归的。

她知道自己能参加这个展览后，当然是高兴得不得了，还兴奋得好几晚也睡不着觉。这不但是个能令她一夜成名的机会，同时也是她学生时代的最后一次机会，所以她对此非常紧张，希望能拿出一幅完美的作品参展。

为了创作这幅完美的参展作品，她不但在展览前三个月就已经开始做准备，甚至为了能有个安静的创作环境，竟然跑到旧教学楼三楼的画室里画画。旧教学楼因为之前有闹鬼的传闻传出，所以早就已经没有人使用，平时也没有谁会没事到那里溜达，的确是非常安静的地方，不过那里晚上也挺吓人。

开始时，她还会拉我们过去陪她，但去了几次后，她的胆子就大起来，也就不再强求我们，而是自己一个人过去。因为她在这段时间，几乎每天都会在画室待到深夜，所以她没有回宿舍睡觉那晚，我们还以为她在画室里待通宵呢！可是，第二天我们才发现她竟然莫名其妙地失踪了……

沈婷悦对这次画展如此重视，按常理不管出于何种理由，她也不会一声不吭地跑掉的。唯一的解释恐怕就只有遭遇不测。然而，她失踪前应该是在画室，至少也在学院的范围内。在学院之内能遇到什么不测呢？

我询问赵娜等人，学院里是否经常有学生失踪，以及附近的治安情况。她们说除了沈婷悦外，并没有听说过其他学生失踪的传闻。至于治安问题，除了学院附近有一条小路晚上经常会有劫匪抢劫之外，也没什么大问题。

“那条小路很恐怖，不但必须经过一个荒废的墓园，而且还经常有劫匪出没。听说，那墓园里还埋了很多死得不明不白的人呢！”赵娜露出心悸的神色。

“婷悦会走这条路吗？”我问。

“不会，我们都不敢走这条路，就算白天也不敢走。”一女生说。

赵娜似乎猜到我心中的疑惑，补充说道：“婷悦一般只有参加画展，或者到商业街买东西才会离开学院。而且通常都会跟我们一起出去，很少会单独外出，晚上就更不会一个人跑出去了。”

沈婷悦的失踪到底是怎么回事呢？

我带着这个疑问离开女生宿舍，刚出门口就碰见脸色不太好的蓁蓁。

“你偷偷摸摸进女生宿舍干吗？”她像审问犯人似的瞪着我。

“什么叫偷偷摸摸进去啊，我可是光明正大地从正门进去的。”我无奈地耸肩，随即询问她从麦青河口中得到些什么信息。

“阿杨说的没错，这小子果然是鬼话连篇。”虽然她表面上装作若无其事，但健美而曼妙的躯体，却在转述荒诞回忆的过程中不自觉地颤抖起来——

我走进麦青河的寝室时，他正蜷缩在被窝里。他的室友告诉我，自方树出事后，他就一直都躲被窝里不肯出来，不但没去上课，就算吃饭也是室友替他到食堂打回来的。

我向他表明身份及来意，但他却依旧躲在被窝里不答理我。我一时来气就把他的被子掀了。他像是不能见光似的，立刻惊慌地退到床尾的阴暗角落，双手抱着头不断地叫着“不要抓我，不关我事”之类的话。我说只是找他问话，不是来抓他，但他却仍然不停重复同样的话，非要我揪着他衣领甩了两巴掌，才能安静一点。

（我突然觉得，让蓁蓁去找麦青河问话是个错误的决定，希望对方不会投诉她滥用暴力。）

他安静下来后，我再次道明来意，他才断断续续地给我讲述案发当晚的情况。

他说当晚跟方树、黎恺敏以及另外两个同学去KTV玩，之后三人一起回来。在返回学院的途中，他好像说错什么惹怒了方树，因为当时喝得醉醺醺，现在已经记不清说过什么，只记得方树十分生气，想打他一顿，幸好有黎恺敏帮他扛住。

在方、黎两人推搡的时候，他突然发现远处有一个诡秘的“东西”向他们“飘”过来。虽然那“东西”跟他们有些距离，但他还是一眼便能认出，对方是一个月前就已经去世的沈婷悦。

他当时被吓得魂不附体，本能地指着远处念着对方的名字。方树以为他吓唬自己，立刻怒火中烧，倚着一身蛮力把恺敏推倒，向他扑过来。正当方树揪着他的衣服，准备打他一顿的时候，恺敏也呆望着远处叫道：“婷悦，真的是婷悦……”

方树猛然回头，发现婷悦的鬼魂正朝着他们“飘”过来，吓得大叫一声“鬼啊”，随即便使尽全身力气逃跑。他也对正在发呆的恺敏大叫“快逃”，然后就连滚带爬地跟着方树一起逃跑。

可能因为酒喝得太多，他觉得双脚发软，只跑了几步就没有力气了，幸好从后面赶上来的恺敏帮了他一把，拖着他一起逃跑。恺敏是篮球队员，平时经常锻炼，跑得比较快，就算拖着他也比方树跑得稍微快一些。

虽然有恺敏拖着他跑，但他还是跑得很吃力，快要跑不动的时候，突然觉得背后有一阵冷风吹过来，一回头便看见婷悦已经追到方树身后，而他跟方树之间的距离就只有一条手臂那么长。他吓得头皮都快要炸开，立刻咬紧牙关，闭上双眼跟着恺敏使劲地跑。几秒钟之后，方树的惨叫声便从身后传来。

这惨叫声宛若来自地狱深处，他仿佛看见面目狰狞的婷悦，张开满布獠牙的血盆大口，狠狠地咬着方树的肩膀，把整个肩膀扯掉。纵使紧闭双眼，但血肉横飞的画面还是清晰地浮现于脑海之中，惨绝人寰的叫声犹如厉鬼锋利的指甲，深深地插入他的心窝……

“之后的事情，他就记不住了，他也不知道自己是怎么逃过女鬼的追杀的，我想他大概是吓蒙了。”话至此时，蓁蓁俊俏的脸颊已苍白得难觅血色，我想她大概是完全相信了麦青河所说的话，虽然她表面上并不承认。

同一件事，两名当事人分别说出两个版本，虽然我个人觉得黎恺敏的版本更为客观、可信，但麦青河的版本于我而言也并非毫无用处，因为我从中发现了一个关键性的疑点——他凭什么肯定沈婷悦已经死亡呢?

这个胆小鬼肯定知道某些秘密，因此我决定亲自去找他，希望能从他口中套取线索。

第三章
携尸夜行

“她死了，她早就死了……她要回来抓我们，先是方树，接着就是我，然后……”

我跟蓁蓁到来麦青河的寝室，询问他如何获悉沈婷悦的死讯时，他只是不断地重复类似的话。看样子他是受惊过度，以致精神状况出了问题。他现在这模样，要从他口中套话可不容易，不过我有我的办法。

“冤死的人往往会冤魂不散，终日在凶手附近徘徊，等待机会报仇雪恨。咦……”我指着寝室一个阴暗的角落，“那里好像有个人影闪过，该不会是我眼花看错了吧！”

他听了我的话如受电击，立刻蜷缩于被窝之中，包裹全身的被子随着瘦削的躯体不断抖动。看来这个法子还挺管用的，于是我又道：“逃避是不能解决问题的，我认识一个道行高深的道长，或许能给你一点帮助。不过，你必须把所知道的一切告诉我们，不然我们也爱莫能助。”

他探头出来看了我一眼，犹豫片刻便猛然扑上前抓住我的手求救：“你真的能帮我？”

我向他点了点头：“前提是你必须把一切告诉我们。”

“你想知道什么，只要你能帮我，我什么都告诉你。”他似乎已经忘记我们刚才的谈话了，这证明他的思绪相当混乱，对我来说或许是好事。

我再次向他抛出问题，但这次并没有直接问他为何会肯定沈婷悦已经死亡，而是改问：“你是什么时候获悉沈婷悦的死讯的？”

他突然往后退，眼神闪烁，把披在身上的被子裹得更紧，支吾地回答：“她，她死了吗？”他仿佛在刹那间清醒了，对我们变得警惕起来。

“你刚才不就说过吗？我可是亲耳听见的！”蓁蓁怒目瞪着他。

他又再往后挪动，不自觉地低头回避我们的目光，怯弱地回答：“有吗？我刚才心里很乱，也不知道自己在说什么。”

我找来一凳子坐在床前，点上根烟才悠然说道：“你可以什么也不说，但这样我们也帮不了你。我想你的好兄弟在阴曹地府应该很寂寞吧，不过也没关系，我想很快就会有人下去陪他。”

他哆嗦了一下，抬头瞥了我一眼，似乎想说什么，但欲言又止。直到我把指间的香烟抽完，他还是一副犹豫不决的模样。

我把烟头塞进床边的空可乐罐里，站起来给他递上名片：“你什么时候想向我们坦白一切就打我电话吧！”说罢，便跟蓁蓁一同离开。

走到门口的时候，我又回头对他说：“希望我们下次见面的地方不是停尸间。”

“我们这样就回去吗？他肯定有问题，为什么不迫使他把事情说清楚？”刚走出门口，蓁蓁便不解地问道。

我莞尔一笑：“我没打算现在就回去。”

话刚出口，披着被子的麦青河便从寝室里冲出来，跑到我们前面拦住我们，惊慌地说：“我说，我说，我全都告诉你们。”

麦青河突然改变态度，令蓁蓁大感莫名其妙，她不明就里地看着我，我只给她回以狡黠的微笑。

刚才我把烟头塞进可乐罐时，偷偷把一粒整人药丸一同放进去。这种整人药丸外表就像一颗胶囊，但内里装的是一种遇热会产生反应的化学物。在常温下这种药丸并无任何特别之处，但只要温度稍高，譬如放在手心，就会不停地跳动，甚至翻跟斗。我把药丸跟烟头一同塞进可乐罐里，烟头产生的热力会让药丸剧烈跳动，撞击可乐罐内壁发出奇怪的声音。突然听见莫名其妙的怪声，就算是正常人也会吓一跳，麦青河现在这么神经质，当然会吓个半死。

再次回到寝室，麦青河神经质地审视四周，确定没有异常之后，才开始向我们透露一个可怕的秘密：“婷悦在一个月前就已经死了，是，是被树哥杀死的……”

“什么？”蓁蓁惊讶地叫道，我也十分惊愕。虽然早已猜到麦青河肯定知道某些不可告人的秘密，但没想到竟然如此骇人——如果沈婷悦在一个月前就已经被方树所杀，那么方树的遇害不就是冤魂索命？

不过，在惊愕的同时，我还想到另一个问题："你为什么会知道？"

"是，是树哥亲口告诉我的……"他刻意回避我的目光。

我严肃地说："我不觉得杀人是一件值得向别人炫耀的光辉事迹。"

一般而言，凶徒绝不希望别人知道自己犯下命案，更不会随便告知别人，甚至会为掩饰罪行而杀害知情者。毕竟消息一旦流传出去，凶徒的处境将会非常危险。

他低头不语，似乎在思索该如何圆谎，我不想跟他浪费时间，指着他严词斥责："杀死沈婷悦的人其实是你！"

"不是，不是，她不是我杀的……"他不住地摆手摇头。

"如果沈婷悦不是你杀死的，如果她的死跟你毫无关系，你干吗会害怕她回来要你的命！"我义正词严地指出他的漏洞。

"她真的不是我杀的，真的……"他紧裹身上的被子不停地颤抖，断断续续地向我们道出真相——

我的性格比较孤僻，虽然在美院待了三年多，但也就只交到树哥、恺敏这两个朋友。不过我跟树哥特别投缘，是称兄道弟的铁哥们。我还记得刚进美院的时候，经常被一些老生欺负，要不是树哥替我出头，我恐怕早就退学了。

一个月前，树哥请我到外面吃夜宵。要是平时，我们俩吃夜宵只会去路边摊，但那晚他不知道为什么特别豪气，竟然请我下馆子，还点了很多菜。我们边喝酒边吹牛，聊着聊着他突然问我敢不敢跟他干一件大事。当时几杯啤酒刚下肚子，什么也没想就跟他说："树哥，你要我做什么，只管说就是了。只要是你让我干的，我有哪次会说半个'不'字。"

"好兄弟，待会儿我带你去打靶，我们两兄弟一起爽一把。"

他告诉我，婷悦获得省美术作品展的参展资格，为了能安静地创作参展作品，近段时间每晚都一个人去旧教学楼三楼的画室画画，并且在那里待到很晚。

旧教学楼之前曾经闹鬼，晚上一般不会有人进去，而且附近也没几个人影。所以不管画室里发生什么事，也不会有人知道，就算在那里把婷悦强奸了，也不会有人知道……

听完他的话后，我可吓了一大跳，虽然平时我偶尔也会跟他一起做点坏事，但也只是欺负新生，敲点零花钱而已。可是，这次他竟然叫我跟他一起去强奸婷悦！

这可是要坐牢的事情，我以为他只是喝了几杯，跟我开开玩笑。但没想到他竟然是认真的，还跟我说：“别怕，没事的，不过是玩个妞而已，就算天塌下来也有我扛住。”

他虽然说得像去找小姐那么轻松，但我不是没脑袋的，当然知道会有什么后果，这可不是他说扛就能扛得住。可是，刚才又已经答应了他，现在也不好退缩，只好跟他说：“要是婷悦报警怎么办？”

“她敢！她要是吱一声，我就立刻把她埋了！”他掏出了手机，在我面前扬了扬，“我们爽完再给她拍几张裸照，看她敢拿我们怎样！”

他摆出一副势在必行的姿态，我怎么说他也不听，反而一再怂恿我。说实话，婷悦是我们美院的院花，不但样子长得漂亮，身材也很棒，是很多男生性幻想的对象，我心里也挺想能跟她做那种事。

酒壮怂人胆，再加上树哥的怂恿，我稀里糊涂地就答应了。

那晚，学院特别安静，在通往旧教学楼的路上，一个人影也没有，几乎每走一步都能听见自己的脚步声。

“今晚这么安静，真是天助我也！”因为一路上也没遇到任何人，树哥非常高兴。可是，我却很想马上就有人出现在眼前，而且最好是熟人，这样或许能让他打消强暴婷悦的念头。然而，就算白天也没多少人会到这里溜达，更何况是深夜？直到我们来到旧教学楼门前，还是没遇到任何人，我的期望也就落空了。

踏进教学楼那一刻，我的心情很复杂，闹鬼的传闻、漆黑的楼梯，以及对犯罪的忧虑，都使我非常紧张和害怕。可是与此同时，心底又有一丝莫名的兴奋。说到底婷悦也是美院里数一数二的美女，谁不想一亲芳泽呢？

我怀着复杂的心情，跟在树哥身后来到三楼画室门前。他悄然把门打开，门内的光线犹如炙热的火焰喷涌而出，落在我的身上，点燃我心中的恐惧，使我本能地退缩到阴暗的角落。这一刻，我就像一名心虚的小偷，希望能够永远躲藏在没人看见的黑暗角落。

透过门缝，我看见秀丽的婷悦在画室里，背向我们认真地画画。她画得很专心，在她眼中似乎除了自己的作品之外，整个世界就没有别的事物存在。就连我们走进画室，她也没有察觉。她的目光一刻也没有离开画布。

树哥示意我守住门口，而他则蹑手蹑脚地走到婷悦身后。其间，我的目光无意间落在画布上。虽然只是无意地瞥了一眼，但马上就被吸引住，这幅油画给我的感觉实在太震撼了！

画中的背景是一间狭小但整洁的房间，床铺、椅桌、炊具全都挤在狭小的空间里，虽然拥挤但并不凌乱，而且画得非常细致，我甚至能清楚地看见桌子上那本打开了的作业本，以及文具盒里的铅笔。

处于油画中央的是一名悲痛欲绝的妇女，头上的几缕白发跟她三十来岁的面容形成反衬，让人一眼就能看出这是一个生活于社会底层，因终日劳碌而过早虚耗青春的落魄女人。她右手拿着的菜刀，刀刃涂上了鲜艳的红色，而在她左手的手腕上，鲜血正绽放着妖冶的美艳。

一只瘦小、嫩白的手臂，从画面边缘向妇人伸出，似乎是想阻止妇人自残。可是，手臂主人的力量却又如此渺小……

整幅油画的色调虽然非常阴暗压抑，但却又层次分明，尤其是从妇人手腕流出的鲜血，简直妖艳得让人窒息。虽然只是看了一眼，但瞬间就能让人感受到画中的意境——饱受欺凌的妇人，为摆脱命运的蹂躏，选择了结束自己的生命。她的孩子目睹这可怕的一幕，于惊慌失措中伸手阻止，但孩子的力量却是如此渺小，只能眼睁睁地看着母亲离开人世。

这幅油画描绘的是母亲，但要表达的却是孩子的恐惧、彷徨与无助。

我被这幅油画深深吸引，根本没注意到树哥是怎样把婷悦按倒在地上，怎样扯掉她的上衣。让我回过神来的，是一抹鲜艳的红色——被按在地上的婷悦，随手捡起一支沾有红色颜料的油画笔，把末端折断后在树哥的手臂上划了一下。哥树痛得大叫，甩了她一巴掌，并夺过画笔，气愤地掷到一边。画笔不偏不倚，刚好落到油画中央，落在妇人的脸上，在这幅将近完成的惊世之作中，留下一抹如鲜血般的艳红。

婷悦看见自己的作品被毁，立即变得激动起来，瘦弱的躯体虽然被哥树压住，但还是不停地挣扎。树哥因为手臂被划伤，勃然大怒地甩了她几巴掌后，死死地掐着她的脖子，直到她不再挣扎为止……

死人了，婷悦就这样被树哥活活地掐死。

发现婷悦已经断气后，树哥跟我都很惊慌。不过他很快就冷静下来了，低头思索片刻后，便自言自语地说："没有人看见我们进来，这个时间也不会有人在附近溜达，只要我们把她藏起来，就不会有人知道今晚发生了什么事……"

我们把画室收拾好，然后先由我探路，哥树抱起婷悦的尸体跟在后面，蹑手蹑脚地朝学院后墙走去。我专挑些僻静且阴暗的小路走，虽然一路上也没有被人发现，但有一具尸体在身后，难免会让人感到毛骨悚然。

我们本来打算翻过学院后墙，在外面随便找个地方把尸体埋掉。可是翻越围墙后，树哥突然改变主意，跟我说："把尸体随处乱埋很容易被人发现，不如我们把她埋到附近那个墓园里。那里平日连鬼影也没一个，而且还埋了不少无名尸，就算尸体被人发现也不会有问题。"

他说的虽然很有道理，但那地方白天都让人觉得阴森恐怖，晚上就更加可怕了。要到那里埋尸，我心里是千百万个不愿意，但他却坚持要埋到那里，我也只好听从他的意思。

你们没法想象我当时有多害怕，从进入墓园那一刻开始，我就觉得头皮发麻，没尿裤子已经算不错了。

当晚的月色本来就不太明亮，再加上墓园四周长满高大的榕树，遮挡了大部分光线，所以墓园里非常阴暗。而且墓园像荒废了很长时间，遍地杂草丛生，有些地方甚至长到膝盖的高度。在树影的映衬下，仿佛随时会有一条腐烂的手臂从草丛中伸出来，抓住我们的脚，把我们拉进地狱深渊。

我就是在这种一步一惊心的情况下，跟树哥走进墓园。当看见那些隐匿于杂草中的墓碑时，我就更加害怕了，因为每一块墓碑下都埋葬了一具尸体，都有一个多年未受香火拜祭的饿鬼。

我叫树哥把婷悦的尸体随便丢进草丛里，尽快离开这个可怕的地方，反正这种地方也不会有人过来。但是他却说不怕一万、只怕万一，非要把尸体埋在墓园最深处。

我们没带来挖掘的工具，只好在附近找些石头树枝之类的东西挖坑。我很害怕在挖坑的过程中会挖出另一具尸体，因为我之前听一些老生说过，经常有黑道大哥杀人灭口后，把尸体埋在这里。

幸运的是，我们并没有挖出另一具尸体。

我们草草地挖了个很浅的坑就把尸体丢进去，在埋土的时候，朦胧的月光悄然落在婷悦的脸上。自从她断气之后，我还是第一次正面看她的脸，虽然只是看了一眼，但她恐怖的面容却经常出现在我梦中——散乱的长发、铁青的脸色、微凸的双眼、细长的舌头，构成了一张令人心惊胆战的面容，每每于午夜梦魇后，让我颤抖到天亮……

如果沈婷悦真的于一个月前就已经被杀害，那么这宗案子也太可怕了！虽然看麦青河的惊慌模样，应该没有撒谎，但终究是他的一家之言，必须找到实质证据才能验证他所说的话。

要证明他所言非虚，最直接的方法就是找出沈婷悦的尸体。

第四章
夜探荒墓

离开麦青河的寝室时，已经是深夜时分。

虽然我一再要求他带我们到埋藏沈婷悦尸体的墓园，但他却死活也不肯去，哪怕蓁蓁以拘捕他为威胁，他还是不肯就范：“我宁愿坐牢也不要再去那个可怕的地方，上次要不是喝多了，我也不会稀里糊涂地跟着树哥他们走那条该死的小路。要是我现在跟你们再一次去了，肯定会像树哥那样被婷悦杀死。”

其实，我们现在还不能拘捕他，虽然他已经承认协助方树杀害沈婷悦，并埋藏受害者尸体。但这都是他自己说的，没有任何证据支持他的口供。因此，在找到沈婷悦的尸体之前，我们暂时任由他继续在宿舍里待着，只是叮嘱他的室友多留意他，别让他单独离开学院的范围。不过以他现在的状况，应该也不会到处乱跑。毕竟在他眼中，任何地方都有危险，最安全的莫过于自己的被窝。

我们根据麦青河的描述，从学院后门离开，然后沿着一条僻静的小路来到一大片阴森的榕树林前，墓园就在榕树林里面。

朦胧的月色下，我们缓步走进榕树林。这里的榕树不但长得高大，而且枝叶茂盛，阻隔了本来就非常微弱的光线，步入林中几乎伸手不见五指。幸好我们带来了手电筒，不然就只能摸黑进入这个阴森恐怖的地方。

借助手电筒的光线，我在榕树林中发现一个小型牌匾，虽然油漆已经掉落了不少，但还是能辨识出牌匾上写着“陈氏墓园”四字。我想，这就是我们要找的地方了。

正当我准备进入墓园时，蓁蓁突然发出一声惊恐的尖叫，并躲在我身后扯着我的衣服不住地颤抖。我问她看见了什么，她把头埋在我背里，往一棵榕树上指了指，声音颤抖地说：“树上面有东西飘来飘去。”

我用手电筒往树上一照，心里突然慌了一下，差点没叫出来。树上并没有虚无缥缈的鬼魅，只有一只猫，但并不是普通的猫，而是一具风干的猫尸。

我往周围查看了一下，发现猫尸不只一具，墓园入口两旁的榕树，每棵都挂了两三具猫尸。这些猫尸都是以红色绳子套着脖子吊在树上，感觉就像集体上吊自杀一样。虽然只是猫的尸体，但随凄凉的晚风左右晃动的模样挺可怕的，而且还是在这墓园入口这种诡异的地方。

“谁这么残忍，竟然杀死这么多猫，真是变态！”蓁蓁怯懦地骂道。

我摇了摇头：“我想这跟变态不变态没有关系，这些猫尸都已经风干了，应该挂了好些年头，如果只是恶作剧，早就有人把它们解下来。据说把死猫吊在树上是会招来厄运的，在墓园入口吊着这么多猫尸，居住在附近的人不可能视而不见。除非……”

“除非什么？”

“除非是墓园的主人，或者附近的居民挂上去的。”

“他们为什么要这么做呢？不恶心吗？”蓁蓁露出厌恶的神色。

“可能是某种仪式吧！这里地处偏僻，有某些独特的风俗也不稀奇。”

接受完数十具猫尸列队“欢迎”后，我们怀着不安的心情走进诡秘的陈氏墓园。

踏入墓园那一刻，我开始明白麦青河为何会如此害怕，这里的确像他说的那样，非常阴森恐怖。

高大茂密的榕树林包围了整个墓园，不但阻隔了大部分光线，还使温度明显下降。在手电筒光线的照射下，每一棵榕树后面仿佛都隐藏着一只来自地狱深渊的恶鬼，不时从树后探出狰狞的脸孔，窥视我们的一举一动。

偌大的墓园内杂草丛生，墓碑于长及膝盖的杂草中若隐若现，宛若贪婪的饿鬼，待机偷袭误闯墓园的迷途旅客，以求用新鲜的血肉填满永远也吃不饱的肚子。

不过，最让人感到不安的是，在这里我没有听见任何蛙声虫鸣，仿佛进入了毫无生命气息的幽冥地带。

蓁蓁突然哆嗦了一下，不知道是因为觉得冷还是因为害怕，或许她也觉得有某些东西藏匿于黑暗之中。

“你有没有觉得奇怪？”我向蓁蓁问道。

“哪里奇怪？”她往漆黑的四周张望，脸色很不自然。

“祭祀先人是一件很重要的事情，尤其是在乡村地区，清明节的重要性不比春节低。可是，这个墓园竟然荒废成这个样子，你不觉得奇怪吗？”

“有什么好奇怪的，可能这些先人的子孙都外出打工了，没时间回来拜祭祖先。”她虽然嘴巴上逞强，但身体却微微颤抖，并不自觉地往我身旁靠近。

“不可能，你看……”我移动手电筒，往四周的墓碑照了一遍，“这是一个家族墓园，以墓碑的数量推测，这个家族的子孙没有一百也有好几十人，就算当中的年轻劳动力都外出务工，留下来的老人肯定会定期前来拜祭。”

“可能因为拆迁等原因，整个家族都搬走了。”她有意无意地扯着我衣服。

“就算是后人搬迁，也不可能长期不回来拜祭祖先啊！”我摇了摇头，“百善孝为先，拜祭先人是孝道最重要的一种表达形式，年轻人可能会觉得没什么，但老一辈对此却非常重视。就算是搬迁到很远的地方，至少也会隔三五年回来一趟拜祭祖先吧！可是看这里的情况，起码有十年八载没人打理过。”

我带着疑惑走到一块墓碑前，拨开周围的杂草，希望能从碑文中得到解开疑团的线索。然而，碑文还没看清楚，新的疑问又出现了——墓碑后面是一个大坑。

“坟墓的主人还没下葬吗？”蓁蓁问道。

我观看墓碑，上面写着坟主名为陈石，死于三十多年前。再观看墓坑，坑内长满了杂草，显然不是新挖的。接着我又查看周围的坟墓，竟然发现墓园内所有坟墓都是空坟，全都是只有墓碑，及长满杂草的墓坑。

也许长时间的沉默让蓁蓁感到害怕，她又再问道：“这些都是还没来着及下葬的空坟吗？”

“不可能。”我思索片刻后解释道，“有墓才有碑，随便一个从事殡葬行业的人都知道，必须在坟主下葬之后才能立墓碑，不然就会成为空坟。空坟就像空房子那样，有可能会被别人霸占。不过霸占空坟的不是人，而是孤魂野鬼。”

“你别吓唬我，你又不是背死尸的，怎么会知道这些事。”蓁蓁的目光掠过周围的墓坑，脸色立刻煞白起来，仿佛每个墓坑都藏着无数孤魂野鬼。

我耸肩道：“这些事都是流年告诉我的，但凡跟尸体有关的事，他或多或少也知道些。之前他曾经跟我说过，有些后人为了择黄道吉日，会在坟主下葬后两三年才立碑，但绝对不会先立碑后下葬。”

“那么，这里的空坟是怎么回事？”

“肯定是下葬后再挖出来。”

“为什么要这样做呢？”

“不好说。”

我仔细地查看每一座坟墓。根据碑文所示，这些坟墓的立碑时间，最短也有十多年，最长的有近七十年。墓坑因为经过风雨的洗刷，而且又被杂草覆盖，难以判断是什么时候挖的，不过应该是在同一时期挖掘，而且挖掘时非常仓促。

“你怎么知道挖掘很仓促？”蓁蓁皱起眉头问。

“还不是因为这些墓碑。”我走到一个墓坑前给她解释，“墓碑相当于地府的房产证，坟主必须凭着房产证才能入户，不然就是黑户，也就是孤魂野鬼。而且有碑无主的空坟会被孤魂野鬼霸占，还会滋扰坟主的后人。”

“难道陈氏后人都死光了，所以没人打理这个墓园？”

我没好气地回答：“要是他们死光了，还有谁来挖坟？”

“如果是陈氏后人挖坟，那就不可能不处理这些墓碑啊！”原来她也有聪明的时候。

如果挖坟的是陈家后人，他们肯定会连墓碑也一起搬走。如果不是陈家后人，没事来挖人家祖宗的坟墓干吗？这里只不过是普通人家的家族墓园，不见得会有值钱的陪葬品。

这里到底发生了什么事呢？

虽然这种奇怪现象令我感到好奇，但我可不想待在这里慢慢研究。还是赶紧去找沈婷悦的尸体，尽早离开这个阴森恐怖的地方为妙。反正我们调查的是美院凶案，而不是陈氏家族的历史。

麦青河说墓园之内虽然杂草丛生，但在最深处却有一块寸草不生的空地，沈婷悦的尸体就是埋在那块空地。

我们穿过凌乱的墓坑来到墓园深处，这里果然有一块不长草的空地。在杂草丛生的墓园里，这块空地显得格外显眼，纵使园内漆黑一团，还是一下子就能找到。不过我们在空地并没有发现沈婷悦的尸体，只看见一个令人头皮发麻的人形浅坑。

“到底是怎么回事啊？”蓁蓁看着足下的浅坑，身体不住地颤抖。

我仔细检查浅坑的情况，发现泥土松散，应该是近期挖的，但又不像是用工具从地面往下挖掘。从坑边的泥土位置判断，这些泥土似乎是从浅坑里面，由内而外地翻出来的。

一阵彻骨的寒意使我不自觉地颤抖起来，可怕的画面随即于脑海中浮现——松散的泥土朝外飞散，一只腐烂不堪的手臂从泥土下冲天而出。墓园的宁静瞬间消失，取而代之的是来自地狱的呻吟。头发散乱、面目狰狞的尸体缓缓地从泥土下爬出来，血红色的双眼闪烁着愤怒的凶光……

沈婷悦诈尸了?

正当我为眼前的事实感到困惑时，蓁蓁悄然扯了扯我的衣服，我问她什么事，她朱唇抖动，似乎想说话，但又没能说出来，只是示意我望向墓园边缘的榕树。

我朝她示意的方向望过去，首先入目的是一双于漆黑中发出诡异光芒的眼睛。那是一双藏匿于高大榕树旁的眼睛，它的主人是一个长发披散的女性身影，正于黑暗中窥探我们的一举一动。

难道……是沈婷悦?

对方显然已经察觉我们发现了她的存在，急忙转身便往园外逃走。这可能是一条关键线索，我当然不能让她在眼皮下溜走，立刻拉着蓁蓁追上去。

前方的身影移动得非常快，感觉不是在跑而是在“飘”，而且对方似乎非常熟悉附近的地形，就连蓁蓁这四肢发达的家伙也追得很吃力，我就更不用说了。虽然我好歹也是刑警，但每次体能测试都只是蒙混过关，追了一会儿就已经吃不消了，步伐不由缓慢下来。眼看跟对方已拉开了一段不短的距离，蓁蓁便着急起来，一把拉着我急起直追。然而，对方的速度实在太快了，再这样下去，早晚会被对方甩掉。于是我便叫蓁蓁别管我，先追上去再说。

可是，蓁蓁却面露难色：“如果她是只女鬼怎么办?”

苍天啊，都什么时候了，还怕这怕那!

就在我以为会被对方甩掉的时候，对方竟然放慢了脚步。虽然她依然跟我们保持着一段不短的距离，但步伐明显放慢了，随后我因为跑不动而停下来，她居然也在前方停下来等我们。

奇怪了，她到底有什么目的呢?

不管她葫芦里卖的是万艾可，还是毒鼠强，我们都不能轻易放过她。半夜三更到荒废的墓园溜达，就算她不是沈婷悦，肯定也大有问题，极有可能跟这宗案子有关。

于是我稍微喘一口气，便跟蓁蓁继续追上去。

对方像鬼魅般在我们前方约一百米处飘荡，不管我们如何使劲地追，始终也没能拉近距离。大概追了十来分钟，我们便来到一个偌大的鱼塘前。

鱼塘面积约五亩左右，塘水非常清澈，而且水面没有一丝波纹，宛若一面放在地上的巨大镜子。或许是受到前方那个鬼魅般的女性身影的影响，虽然这里很平静，但我却总觉得有一股诡秘的气息，说不清楚到底是哪里不对劲。还好，除了在前方飘荡的鬼魅身影外，我们在这里并没有遇到奇怪的事情。

绕过鱼塘之后，鬼魅般的身影把我们引进了一段曲折的田间小路，随后便进入一个宁静的村庄。我们跟她追逐于九曲十八弯的狭窄巷子之中，没一会儿就被她甩掉了。

“奇怪了，怎么不见踪影呢？”蓁蓁茫然地往四处张望，脸色渐渐变得苍白，“我们该不会真的见鬼了吧？”

刚才我们跟不上她的步伐时，她会故意放慢脚步，甚至停下来等我们。但此时却不见踪影，似乎是特意把我们引来这里。她是否有某些不可告人的目的呢?

不管她葫芦里卖的什么药，我可不想放弃任何线索，既然她把我们引到这个村子里，那么这里应该会有我们想要的东西。或者说，这里必定有她想让我们知道的某些信息。因此，我打算跟蓁蓁在附近调查一下，希望能发现有价值的线索。

此时已是凌晨两点多，村内各家各户皆关门闭户，整个村庄宛若一个巨大而肃静的墓园。我们在村里转了一圈，并没有发现那个疑似沈婷悦的鬼魅身影，不过也不是毫无收获，因为我们发现治保会的灯还亮着，似乎正有人在值班。

或许，我们能在治保会里获取一些有价值的信息。

悬疑志　（未完，待续）

编辑会客厅

咆哮小编
吐槽事件簿

对于小编这么神圣的职业，不少读者抱着憧憬和幻想的念头，小编可以接触大神，可以看到作者第一手刚出炉热乎乎的佳作，掌握一本杂志从孕育到面市的全部过程，可是误入歧途落入魔掌不幸成为小编的我们，只能苦逼地摇摇头咬断牙齿含着两行血泪告诉你：

你错了！！！老子之前和你们一样天真纯洁啊！可是现在才知道编辑部的人你伤不起啊！！！老子2009年加入编辑部，从此踏上了不归路啊！是谁说作者是那么好搞定的，拖稿的时候打电话找不到作者！！！QQ隐身！！打电话不接！！就连大姨妈来了这种借口都能说得出口！！！我真想喷一口鲜血在你脸上啊！要知道这位作者大人，你是男人啊！！！

编辑部的人都是文武双全的精英啊！！威逼利诱作者交稿这种小编必备绝技算什么啊，不止这些啊！从封面设计到内文版式，从PPT制作到营销宣传，就连设计网页都要自己动手啊！！！尤其是苦逼的校对，错一个字都是要罚钱的啊！！！通宵校对到凌晨的有木有！！！投稿必须回复！！！一天要看几十万字的稿件，视力急剧下降的有木有！！！封面设计被要求重新来过的有木有！！！

对着电脑颈痛、腰痛、屁股痛、青春痘、痔疮有木有！！销量涨了没人表扬，稍微一跌被骂得各种狗血淋头有没有！！被码洋压得都神经性胃炎了有木有！！！

每一个编辑上辈子都是折翼的天使，终于做完一期杂志的小编们灵魂脱壳，头戴项圈，重返天堂时许下的心愿是：这期杂志销量一定要破纪录啊！！不然我会死不瞑目啊！！！

@君天：《异现场调查科》这个系列的创作是一件很美好很特别的事。第一卷出版的时候，我会回复读者说这部小说是关于哪些内容的。写到第四卷的时候，我已经没有这个想法了。我想，只要你考虑过的事情，这个系列都会考虑的。

@庄秦：在我住的重庆大学B区大校门对面，有一个藏在超市旁的小书店，今大去书店里逛了一圈，发现《只能活一个》又到货了，不过书架上只剩最后一本了。我跟女儿说，这本书是爸爸写的，她高兴得把书顶在了脑袋上，说要带幼儿园的小朋友一起来看。汗！

@叶聪灵：似乎再也不是写《最完美的女孩》时那个意气风发的年代了！那时候，可以年不过，饭不吃，只为构思出一部精彩的推理小说；甚至走路、吃饭、睡觉，都在构思着，幻想着。然后，觉得，那样的疯狂投入是一种激情和快乐。可惜现在，那种为了小说而投入和富有热情的感觉都终于过去了。我怀念，但不留恋。

@大袖遮天：玩游戏很能看出一个人的修养。一起玩的人玩得很烂能不动怒，那只是一般境界；如果被人乱骂乱打乱踢出房间还能保持淡定，那就真有修养了。我每次想去考验一下自己的修养，每次总沮丧地发现自己没修养……我决定每天考验一下，就当是修炼了……

@博集天卷：“那多手记”新作《把你的命交给我》。神秘自杀事件，沉落18年的谜团，谁能勘破真相？跟那多探索精神迷宫，世界是否真的不容置疑？

打呼噜

深夜里，阿康从电脑桌前站起来，伸了伸懒腰，转身躺在了床上。电脑不一会儿便黑屏了，屋子里一片漆黑。

半梦半醒间，阿康突然听到屋子里传来了一阵阵轻微的呼噜声。声音虽然小，却是从屋内传出来的！

阿康吓得脸色惨白，跳下床抓起衣服，飞快地冲出家门，找了个旅馆住了下来。

第二天他找了个捉鬼公司，一名天师跟着他到了家里。

阿康说明了情况之后，天师面无表情地点点头，提着工具箱进了卧室。不一会儿门开了，天师又面无表情地走了出来。

“天师，怎么样？事情解决了没有？”阿康大喜，急忙凑上去问。

“解决了，是你电脑的问题。”

“啊！难道是电脑里有恶灵？”

“不是。”

“那打呼噜的是什么？”

“是瑞星小狮子。”

（文/赵家四郎）

魔术

随着观众的掌声，晚会现场的灯光一暗，便只能看到舞台的中央。不一会儿，魔术师推着一个大柜子上了台。

魔术师打开柜子给观众检查了一会儿，然后示意身旁一个女孩钻进柜子里，盖上柜子上的大布。接着他的手在柜子前挥了一下，猛地一把拉开了大布，灯光立刻亮了起来。

这时魔术师把柜子门一一打开，观众立刻疯狂地鼓起掌来，因为他们看到，里面的女孩已经完全失去了踪影。魔术师微一鞠躬，转身便要走下台。

“喔喔喔！观众朋友们，精彩不精彩？你们看出里面的玄机了吗？”主持人大喊着上台，把魔术师拦了下来，“魔术师先生，我想代表观众朋友们问一个问题，请问这位女士去了哪里呢？”

魔术师想了想说：“不好意思，我不知道！”

现场一瞬间冷了下来，所有人大眼瞪小眼，最后一起看向魔术师。主持人也有些莫名其妙地问：“额？为什么会不知道？”

魔术师摸了摸头，有些脸红地说：“其实这个魔术我只学了一半。当初师父教我的时候，我一顽皮，就把师父给变没了，到现在我都还没有把他给变回来！”

（文/赵家四郎）

打击盗版，人鬼有责

周末，兄弟们都去陪女朋友了，只剩刘晨一个人在寝室无聊地用电脑看光碟，碟片是那种在路边摊儿买的盗版货，质量极差，显示屏上的影像忽明忽暗。刘晨不但丝毫不介意，相反还很喜欢这种感觉，因为他一向最爱看惊悚片，现在正在重温《午夜

凶铃》，轻微抖动的画面让恐怖变得更有质感。

到了贞子从屏幕中爬出的经典桥段，刘晨兴奋得手心都湿了，啧啧，这像被折断关节的四肢，这长发后飘忽的眼神，这带着血迹凌乱不堪的白袍，出来了出来了，哈哈，太带劲了！

忽然，刘晨闻到一股浓烈的酸臭味，难道是前天打球时穿的鞋？不对啊，因为怕染上一身臭味儿，寝室的所有脏衣服臭鞋子都被那些要去约会的兄弟们扔到阳台了啊。仔细一闻，刘晨怒了："你这个贞子怎么一点儿都不敬业呢？头发都不洗就爬出来，没被吓晕就先被熏晕了！"

正往出爬的贞子也怒了："三块五一张的光碟，你还想闻香奈儿五号？"

刘晨有点儿不好意思了，急忙转移话题："不过你这眼神实在是做得太到位了，蓝中带紫，紫里透红，鬼味儿十足！"

女鬼一听，顿时换上了副职业笑容，拿出电视购物频道主持人的热情："您想告别框架眼镜的桎梏吗？您想像我一样拥有完美眼神吗？请选用'阴姬'牌美瞳，'阴姬'牌美瞳做工精细、选料上乘，是您的最佳选择。用了'阴姬'牌美瞳，从此，您的眼睛万人迷！"

刘晨狠狠地按下了显示屏的开关，爬出一半的女鬼瞬间消失，他把碟片从电脑的光驱中退出，一把折断："靠，光盗版的话哥也就忍了，居然还搞植入广告，你丫以为自己是春晚啊！"

（文/楚倾城）

九点灯灭

放假了，原本热闹的寝室里此刻只剩下老四、老五和老八。

白天还好说，可以去网吧游戏厅，可晚上就不行了。

大学晚上宵禁，而因为放假的缘故，把网都给断掉了。

三人斗了一会儿地主，不由得觉得有些无聊，三人中胆子最大的老四提议道："我们讲鬼故事吧。"

征得大家同意后，老四率先讲了起来："我讲的鬼故事叫'九点灯灭'。"

看了一眼胆子较小的老八："其实这个故事和我们还真有点关系，因为故事也发生在514寝室。"

老四看了一眼514的寝室号，又看了看正在发抖的老八，正式讲了起来："514寝室有着这样一个传说，当初建宿舍楼时，一个工人在夜晚加班给寝室上窗，当到514寝室时，工具灯突然灭掉，一脚踏空，掉了下去，再也没有醒来，而当时，正是晚上九点。"

看了一眼也有些害怕的老五，老四继续讲了下去："寝室建好后，一批新生入住了514，而怪事，也随之发生了……"

"夜晚九点，寝室的灯突然灭掉了，接着一阵嘈杂的声音传了出来！他们无法辨别是什么声音，但他们能确定，这个声音不属于人类！突然……"

老四正讲着，寝室的灯却突然晃了起来，时明时暗，然后猛地灭掉了！

"啊！"胆子最小的老四尖叫了出来，老五强作镇定："灯泡坏了吧，我换下灯泡。"

几分钟后，灯泡换好了，打开灯，亮了起来。

老五舒了一口气，看了一眼钟，八点五十八了："还有两分钟就九点了啊，看来它早灭了两分钟。"玩笑的一句让寝室里的氛围有所缓和。

就在老四想要继续讲下去时，时针指向了九！

"啪！"灯又灭了！

"吱呀——"一阵不属于人类的声音传来，嘈杂着，就在三人惊骇之际，学校许久未用过的大喇叭响了起来："为了节约电力资源，放假期间，学校将在晚间九点进行统一灭灯，请同学们尽快入睡。" 悬疑志

（文/狂海龙少）

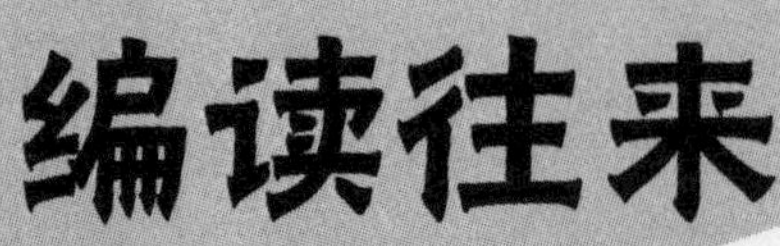

NO.1 ERIKI（日本）

➡ **提问**：我现在在日本读书，可是我想买《悬疑志》。去年夏天回国的时候，我在妹妹家无意间看到你们杂志，我很喜欢这本杂志。可是我不知道怎么兑换人民币，日币可以吗？ 国外邮购需要多少钱？

五道杠小编：建议MM你从卓越亚马逊网站购买最新一期《悬疑志》，我们杂志价格很便宜，但是寄往国外的邮资很贵，卓越亚马逊有海外订购服务，你可以从那里买到每期的《悬疑志》。另外，《悬疑志》每期都会第一时间在卓越网、当当网上架，网购的读者欢迎购买。

NO.2 夏里（贴吧）

➡ **提问**：刚买的《悬疑志》里看到有篇不周写的《桃花葬》,特好看！请问不周写的是长篇吗？

微胖界小编：是短篇，不周没写长篇。那只是系列文，单独成立的，不过结合在一起就是长篇了。下一期杂志里会继续有不周的新作品奉上，爱不周的同学请关注下期的《悬疑志》。

悬疑志原创团成立啦！

为了挖掘新人，培养新秀，《悬疑志》即日开版“悬疑迷原创”，并组建属于悬疑志自己的原创写手团队“悬疑志原创团”！只要在《悬疑志》官方论坛上发表超过5篇原创作品的悬迷就可以加入！优秀作品将有机会刊登在《悬疑志》上！

1. 加入方式：在论坛（http://www.xuanyizhi.net）投稿板块上发表超过5篇原创作品后发站内短信给管理员“悬疑志admin”，审核之后，即可成为“悬疑志原创团”成员，并颁发论坛“悬疑志原创团”独特标志。

2. 本组织并不与写手其他社团相冲突，仅为“悬疑志论坛”写手组织。

3. 原创作品指的是原创文字作品，内容不偏离“惊悚，灵异，恐怖，悬疑，推理”主题，不可刷贴。

公告板

《悬疑志》读者粉丝群成立啦，如果你喜欢《悬疑志》，欢迎加入我们，可以在QQ群里提意见，做活动，和编辑进行互动，了解杂志、图书出版的最新消息，并且可以参与杂志栏目哦！

目前已有城市读者群公布如下：

北京QQ群	51705384	上海QQ群	24692588	天津QQ群	91752292
沈阳QQ群	65283433	湖南QQ群	62365321	江苏QQ群	7632343
广东QQ群	103333536	重庆QQ群	52094419	杭州QQ群	91600779
武汉QQ群	107015216	江西QQ群	87151676	福州QQ群	107519183
辽宁QQ群	107728068	西安QQ群	107728131	河南QQ群	39761222
新疆QQ群	112957807	内蒙古QQ群	107621655